U0033702

印度獨立與中印關係史料

（1946-1950）

（二）

Historical Documents on the Independence of India and
Sino-Indian Relations,1946-1950

- Section II -

廖文碩／主編

目錄

編輯凡例

一、本套書係由國史館庋藏《蔣中正總統文物》、《國民政府檔案》、《行政院檔案》、《外交部檔案》，中國國民黨文化傳播委員會黨史館庋藏《特種檔案》、《一般檔案》，中央研究院近代史研究所檔案館庋藏《外交部檔案》等全宗檔案史料，挑選彙集而成。

二、本套書之編排方式，先依主題順序，再依時序進行編輯。文件日期以發文日期為主，不確定者以內容推定排入。

三、各件檔案內容要旨，摘錄於目次及各文件之首，附件收錄於其後，並標明文件來源：（一）未出版者：〈卷名或案名〉，《全宗檔案名稱》，典藏或館藏號；（二）已出版者：《書名》，起迄頁碼。中研院近史所檔案館庋藏之《外交部檔案》，為與國史館藏同名稱全宗區別，以《外交部檔案（近）》表示之。

四、原件為俗體字、異體字者，改為正體字；無法識別者，則以□符號表示；挪抬及平抬一律從略。

五、原文中提及如左、如右等文字皆不予更改。

六、本套書依照原件，原文如「偽」、「匪」等文字皆不予更改；「註」、「附註」皆為原件所示；部分附件原件即缺。

七、本套書倉促成編，疏漏之處，尚祈先進不吝細察
　　指正。

導言

廖文碩
國史館協修

一、現代中印關係緣起

　　印度與中國「自人類黎明即共生」，在廣袤的歐亞
大陸上相依傍，兩大文明古國卻於近代雙雙淪為被西
方帝國壓迫的民族，19、20 世紀之交，於民族主義覺
醒、民主思想勃興的世界性浪潮推動下，為達成民族國
家主權獨立、尋求東方精神文明出路與文化自主、發達
社會經濟及提升民生福祉，激發了中國與印度革命志士
同聲相應的共識與情誼。辛亥革命推翻帝制、民國肇
建、走向共和的歷程，帶給印人勇氣與啟示，孫文、章
太炎與印度革命家聯繫尤為密切。1924 年印度文豪泰
戈爾（Rabindranath Tagore）受邀訪華，所倡博愛和平
精神與其文人哲思風範風靡一時，彰顯東西文明衝突論
爭；[1] 同年孫文於日本神戶發表「大亞洲主義」演講，
力倡恢復亞洲民族地位，以仁義道德為基礎，聯合亞洲
各地民族，有別於日本大亞細亞主義者侵略論，印度民
族主義者多所響應。[2]

1　呂芳上，〈「竺震旦」與「驅象黨」：一九二四年泰戈爾的訪華
　　與東西文化之爭〉，收入呂芳上，《民國史論》（臺北：臺灣商
　　務印書館，2013），中冊，頁 888-929。
2　桑兵，《孫中山的活動與思想》（臺北：萬卷樓圖書公司，
　　2018），下冊，頁 317-340；Pankaj Mishra, *From the Ruins of*

　　1927 年 2 月，由共產國際主導組織的世界性「反帝大同盟」（League against Imperialism）於比利時首都布魯塞爾舉行成立大會，共有 30 餘個被殖民國家受邀參與，中國國民黨在聯俄容共政策下也成為同盟支持者，黨中央執行委員宋慶齡與來自歐美各界的國際知名人士如愛因斯坦、高爾基等為同盟主要發起人。會議期間，印度代表國民大會黨（Indian National Congress，簡稱國大黨）左派領袖尼赫魯（Jawaharlal Nehru）曾與宋慶齡、奉派為國民黨駐該同盟代表的中共黨員廖煥星等人密切接觸，就中印聯合與交流辦法進行討論。然而其時國民黨因左右路線之爭走向清黨與國共絕裂，尼赫魯等人的中印合作計畫發展隨即受阻。[3] 與此同時，國大黨精神領袖甘地（Mohandas Gandhi）的非暴力主義、公民不服從不合作運動、消極抵制英國貨等獨立運動戰略思想，也於 1920 年代介紹到中國，提供知識分子與政治運動家不同的革命思維及可能策略。[4]

　　1934 至 1935 年間，由時任中央研究院院長蔡元培與泰戈爾所創辦「中印學會」分別於印、中成立，為雙方建立常態互動管道與人際網絡的里程碑。承繼1920 年代與泰戈爾等人的學術文化交流前例，中印學會旨為振興中印文化，考量印度局勢而刻意避免政治糾葛，偏

　　Empire: The Revolt against the West and the Remaking of Asia (London; New York: Allen Lane, 2012), Chapter 4.

3　Sarvepalli Gopal, *Jawaharlal Nehru: An Autobiography* (Delhi; Oxford: Oxford University Press, 1989), pp. 54-55.

4　Brian Tsui, "Decolonization and Revolution: Debating Gandhism in Republican China," *Modern China* 41:1 (January 2015), pp. 59-89.

重宗教文化活動。中方由蔡元培、戴傳賢、朱家驊等先
後出任理監事長，網羅政界、學界、文化界等名流，頗
得官方支持，然而實際活動有限；而譚雲山受泰戈爾委
託在印經營中印學會，並主持與泰戈爾所共創之國際大
學中國學院（Cheena Bhavan），成為往後數十年中印
之間聯繫的重要橋梁。[5]

　　中印政黨領導人正式互訪則始於尼赫魯 1939 年 8
月下旬造訪重慶，向蔣中正提交「發展中印關係意見
書」，表達國大黨對中國抗日戰爭的同情與支持，雙方
並議定「中印文化合作辦法大綱草案」、「中印合作與
組織辦法」，中方原則以表面上借託文化合作事業方
式，樹立中印合作根本基礎，進而發展政治上的實質合
作，一切合作活動俱由中國國民黨及國大黨負責實際
策動。1940 年 11 月，時任考試院院長戴傳賢受蔣中正
命，於英方同意下以中國國民黨代表身分出訪印度，正
值尼赫魯抗議英國參戰未得印人同意，從事反戰宣傳而
入獄，戴傳賢則傳達蔣中正勸諫國大黨與同盟國合作，
爭取國際同情之意。另一方面，毛澤東與尼赫魯則於
1938 年促成印度援華醫療隊，提供八路軍援助，尼赫
魯在重慶期間曾會晤八路軍參謀長葉劍英，並受邀拜會
毛澤東，因二戰爆發致印度國內急務而不克成行。[6]

　　未幾太平洋戰爭爆發，羅斯福標榜反殖民主義的道

5　譚中，〈現代印度的中國研究〉，《南亞研究季刊》，2011 年
　　第 1 期，頁 89-95。
6　楊天石，〈蔣介石與尼赫魯〉，收入楊天石，《找尋真實的蔣介
　　石——蔣介石日記解讀（二）》（香港：三聯書店，2010），頁
　　300-331。

德與思想訴求、以持久全面的國際安全體系締造戰後世界秩序的構想，力主「四強」架構──以美、英、蘇、中為維持國際秩序四警察，1941 年夏先與邱吉爾簽署同盟國戰後合作的最初藍本「大西洋憲章」（Atlantic Charter），1942 年元月復由四國領銜簽署二十六國反法西斯侵略之聯合宣言（Declaration by United Nations）。隨著亞太地區戰略地位受到國際重視，蔣中正於英、美高層默契下，前往英屬緬甸、印度進行訪問，與緬甸高層共同檢視軍事準備情形及拜會印督等官員及印度在野領袖甘地、尼赫魯、全印回教徒聯盟（All-India Muslim League）主席真納（Muhammad Ali Jinnah）等。作為國家領導人的首次出國訪問，蔣中正於日記自許訪印目的，在「勸英印互諒互讓、勸印多出兵出力」，即與英印進行軍事及政治合作，調解英印殖民宗主國與殖民地社會之間的政治矛盾，力促英印雙方接受印度進入自治領體制階段，消弭印度反戰情緒，使共同對抗法西斯侵略為主。[7]

然而蔣中正訪印調停英印未果，日軍已在緬甸發動接連攻勢，中國遠征軍向緬境進發，而英方於 3 月下旬

7　Zhai Qiang, "A Passage to India: A Reappraisal of Chiang Kai-shek's Wartime Diplomacy"，收入呂芳上主編，《蔣中正日記與民國史研究》（臺北：世界大同文創股份有限公司，2011），頁 279-306；呂芳上，〈蔣中正──一位彈性國際主義者：以一九四二年訪印為例的討論〉，《民國史論》，下冊，頁 1526-1550；Wen-shuo Liao, "Between Alliance and Rivalry: Nationalist China and India during the Second World War," in Tansen Sen and Brian Tsui, eds., *Beyond Pan-Asianism: Connecting China and India* (New Delhi: Oxford University Press India, 2020), pp. 350-377.

派出「克利浦斯特使團」（Cripps Mission）入印交涉，
所提印度戰後自治主張仍難為國大黨人士所接受。其時
日本在東南亞各地宣傳反西方帝國殖民、號召「亞洲為
亞洲人之亞洲」大亞細亞主義思想，在印度與抗英獨立
運動合流，鼓動印度流亡民族主義者倒向與軸心國結
盟。繼克利浦斯談判失敗，美國原擬發表解放殖民地的
普遍的政策性宣言，時機已失，甘地等人則發動大規模
不抵抗運動（Quit India Movement），呼籲英帝國、美
軍隊退出印度，倡論即刻獨立。甘地、尼赫魯等國大黨
常務委員因之遭到逮捕，社會陷入動盪，英國加派大軍
壓境，圖謀久留印度之心昭然若揭，國際輿論譁然。[8]
此際英、美盟軍在北非、西亞戰況危急，而國大黨與回
盟衝突日烈，羅斯福以回教徒作為印軍骨幹，尚且於中
東勢力龐大，或將有所牽連、顧此失彼等因素，對於蔣
中正欲以美、中聯合斡旋調解之見，已趨延宕立場。邱
吉爾復致函蔣中正嚴辭申明國大黨無法代表印度、印度
問題係屬英國內政、英國政府決不接受美國調停。在
美、英定調下，印度自治問題亦告擱置。[9]

二、印度獨立前後中印關係發展

二戰結束前夕，印度獨立運動再現高潮，英國工黨

8 林孝庭，〈二戰時期中英關係再探討：以南亞問題為中心〉，
《近代史研究》，2005 年第 4 期，頁 32-56；Auriol Weigold,
Churchill, Roosevelt and India: Propaganda during World War II
(New York: Routledge, 2008), pp. 140-160.

9 Christopher Bayly and Tim Harper, *Forgotten Armies: The Fall of
British Asia, 1941-1945* (Cambridge, MA: The Belknap Press of
Harvard University Press, 2005), pp. 96-105.

政府艾德禮內閣為因應亞太新局勢，以務實開明政策提出解決印度問題方案，藉此維持英國在印經濟與軍事權益及相關聯繫，阻止共產勢力洪流，並爭取印度留在大英國協。其間歷經 1946 年克利浦斯等人奉召所組「內閣特使團」（Cabinet Mission）赴印與印督、國大黨及回盟等代表於西姆拉舉行會議協商、籌組臨時政府與召開制憲會議、國大黨主席尼赫魯出任臨時政府行政會議副主席兼外長，以及印回流血衝突與回盟拒絕加入制憲會議；1947 年蒙巴頓繼魏菲爾出任印督宣告印回分治、隨即通過「印度獨立法案」（Indian Independence Act of 1947），同年 8 月英國遂將政權交還印度與巴基斯坦兩自治領政府，尼赫魯出任印度首任總理。印、巴獨立初期尚引發雙方爭奪土邦、克什米爾戰事、印回仇殺暴動及人口大遷徙、甘地遇刺身亡等一連串社會政治動盪。[10]

國民政府於 1946 年印度臨時政府成立之際即率先將駐印專員公署升格為大使館，隔年初發布由學者羅家倫為首任駐印大使；原印度駐華專員梅農（K. P. S. Menon）亦升為大使，1948 年由潘尼迦（K. M. Panikkar）繼任，成為尼赫魯在中國的「耳目」，其於國共之觀點與評價尤具影響力，除官方檔案資料外，羅家倫、梅農、潘尼迦三位大使均留有豐富的文字記述供

---

10 吳俊才，《印度史》（臺北：三民書局，1981），頁 435-453；Sucheta Mahajan, *Independence and Partition: the Erosion of Colonial Power in India* (Thousand Oaks, CA: Sage Publications, 2000).

後人憑據考察。[11] 隨著國共內戰加劇，政府情勢日益嚴峻，1949 年春首都南京為共軍所陷，潘尼迦未隨行政院遷往廣州，7 月政府駐藏辦事處被逐出藏，10 月毛澤東於北京宣布成立新中國，尼赫魯政府電告周恩來將「謹慎考慮」局勢發展，12 月 30 日即致函中共外長周恩來宣布承認中華人民共和國，中華民國政府隨之宣布與印度斷交，羅家倫降旗撤館。1950 年元月印度結束自治領階段，共和國成立，同月印度投票贊成蘇聯提案將中華民國逐出聯合國安全理事會，4 月中共與印度正式建立外交關係，互派大使。[12]

　　有關印度獨立前後對華政策之演變，由於兩岸長期分治逐漸為學界所淡忘或刻意忽略：1949 年政府撤館前夕，吳俊才於新德里完成《印度獨立與中印關係》書稿，隔年於香港出版，羅家倫為之作序，大嘆國人對現代印度缺乏認識，「對於印度獨立運動也只是憑我們的正義感、傳統友誼，以純潔的感情，作不顧自身利害的決策去應援的」，未能深入了解其企圖、實質策略與變遷。吳俊才雖能消化吸收大量文獻、內容充實，並兼述其當下目睹體驗，彌足珍貴，然而因時空限制，所見畢

11 瑪妲玉（Madhavi Thampi）撰、方天賜譯，〈1943-1949 年期間印度駐華使節對中國變動情勢的觀察〉、方天賜，〈羅家倫出使印度評析〉，收入謝小岑、方天賜主編，《二十世紀前半葉的中印關係》（新竹：國立清華大學出版社，2015），頁 99-110、111-127。

12 Xiaoyuan Liu, "Friend or Foe: India as Perceived by Beijing's Foreign Policy Analysts in the 1950s," *China Review* 15:1 (Spring, 2015), pp. 117-143.

竟難以全面。[13] 近年來，隨著亞洲崛起、中印爭雄，中印關係研究頗受注目：一方面，《蔣中正日記》等重要史料公諸於世，抗日戰爭史受到重視，聚焦於抗戰時期國府大國意識與外交戰略下的中印與尼蔣關係發展；另一方面，歐美及兩岸學界從冷戰架構下探討中華人民共和國與印度共和國之關係發展，運用新開放之政府檔案史料，尤其關注美、蘇、英等大國因素影響，以及自1950年代至今尚未得解的邊界爭議與戰爭遺緒。[14] 對於印度獨立前後與中華民國漸行漸遠、最終選擇承認北京，則以國際政治現實下蔣視尼背信忘義的個人情感層面簡略評述，相關學術研究仍很少見。[15] 至近年兩岸學界方興未艾的冷戰國際史研究，多以美蘇對華政策、兩岸分治後各自周邊國家關係為主。[16]

三、編輯內容

　　本套書廣泛蒐集取材中華民國政府因應印度獨立，

---

13 吳俊才，《印度獨立與中印關係》（香港：中印學會，1950）。

14 John Garver, *Protracted Contest: Sino-Indian Rivalry in the Twentieth Century* (Seattle: University of Washington Press, 2002); Paul M. McGarr, *The Cold War in South Asia: Britain, the United States and the Indian Subcontinent, 1945-1965* (Cambridge: Cambridge University Press, 2013); 張敏秋主編，《中印關係研究（1949-2003）》（北京：北京大學出版社，2004）。

15 林孝庭，《臺海・冷戰・蔣介石：解密檔案中消失的臺灣史（1949-1988）》（臺北：聯經出版公司，2015），頁 241-242。

16 舉其要者如：楊奎松主編，《冷戰時期的中國對外關係》（北京：北京大學出版社，2006）；沈志華、唐啟華主編，《金門：內戰與冷戰：美、蘇、中檔案解密與研究》（北京：九州出版社，2010）；林孝庭，《困守與反攻：冷戰中的臺灣選擇》（北京：九州出版社，2017）。

於對印關係決策形成過程之原始檔案，包括國史館、中央研究院近代史研究所檔案館、中國國民黨文化傳播委員會黨史館等國內主要典藏機構庋藏而尚未出版之公文書為主，依據印度獨立與中印關係發展所涉八項議題分章整理，並就資料性質與篇幅所限，選取重要相關者，少數由已出版資料作必要補充，[17] 依文件產生時間輯錄成冊，並一律註明出處。以下就內容重點及資料來源，概述如次。

（一）中印建交

主要蒐錄自國史館庋藏《蔣中正總統文物》收入〈革命文獻—對英、印外交〉、〈一般資料—黨國先進書翰（一）〉，《國民政府檔案》收入〈印度駐華使領任免〉、〈國民政府公務員資格銓敘（一）〉，《外交部檔案》收入〈印度駐華專員 Sir Muhammad Zafrulla Khan（薩福賚）等任內〉、〈印度駐華外交人員動態〉、〈印度及緬甸駐華領事官員動態〉、〈蔣中正捐助印度佛學會印幣一萬盾〉、〈甘地被刺逝世〉、〈我於喀什米爾首府什利拉加設領館〉，中研院近史所檔案館庋藏《外交部檔案》收入〈中印問題〉、〈印度在喀什噶爾設領及我國擬在噶倫堡設領案〉等各卷。內容包括印度獨立前夕中印雙方使節升格協議暫緩公布，印度臨時政府成立後中印任命首任大使，蔣中正透過沈宗

---

17 主要來源為：羅家倫先生文存編輯委員會編，《羅家倫先生文存》（臺北：國史館、中國國民黨黨史館，1976-1989）。

濂、羅家倫與尼赫魯、甘地之互動，至印度獨立初期召
回梅農由潘尼迦繼任駐華大使，為甘地遇刺致唁，以及
國府擬於克什米爾首府設領遭拒，惟同意印度將駐上海
領事館升格為總領事館之設領交涉等各節。

（二）印巴分治

　　主要蒐錄自國史館庋藏《蔣中正總統文物》收入
〈革命文獻—對英、印外交〉、〈積極治邊（七）〉，
《國民政府檔案》收入〈邊境動態〉，《行政院檔案》
收入〈行政院會議議事日程（第一四至一七次）〉，
《外交部檔案》收入〈我於巴基斯坦設使領館〉、〈巴
基斯坦在疏附設領及我國擬在巴國品地設領〉、〈我
於喀什米爾首府什利拉加設領館〉、〈巴基斯坦政情
（一）〉、〈巴基斯坦外交人員動態〉、〈印度及緬甸
駐華領事官員動態〉、〈我國支持巴基斯坦及緬甸加入
遠東委員會〉，中研院近史所檔案館庋藏《外交部檔
案》收入〈印度在喀什噶爾設領及我國擬在噶倫堡設領
案〉等各卷。內容包括巴基斯坦獨立前夕政府同意巴政
府建議中巴交換專任大使，印巴分治後土邦坎巨提先是
請求歸附中國、後改而歸附巴國之交涉經過，印、巴先
後要求在新疆疏附設領，政府順向印、巴分別要求在噶
倫堡、拉瓦品地設領未果，仍同意印、巴於疏附設領並
爭取互惠諒解，以及政府對巴國聲請加入遠東委員會案
以延緩策略應對等各節。

（三）印度發起亞洲各國關係會議與合作組織

　　主要蒐錄自國史館庋藏《國民政府檔案》收入〈泛亞洲會議〉、〈派員參加國際會議〉，《蔣中正總統文物》收入〈革命文獻—政治：邊務（二）〉，《外交部檔案》收入〈全印度青年會舉辦亞洲青年大會〉等各卷，國民黨黨史館庋藏《特種檔案》全宗，中研院近史所檔案館庋藏《外交部檔案》收入〈印度建議成立亞洲國家合作機構徵詢我國意見事〉等各卷。內容包括印度國際大學中國學院院長譚雲山、國民黨中央黨部秘書長吳鐵城、外交部部長王世杰、考試院院長戴傳賢等呈蔣中正有關尼赫魯支持民間團體印度國際時事研究會發起首屆亞洲各國關係會議中國參加與否、代表團人選及經費等研議意見，政府對西藏受邀正式派代表參加甚且另製國旗於會場中懸掛之抗議交涉，第二屆會議原訂於二年後在中國舉行，因國共內戰加劇未果；其次，印度社會黨擬開會並組亞洲社會黨集團，羅家倫認恐發生重大影響提出警示，惟亞洲社會黨會議未幾因故無定期展緩；復次，全印度青年會舉辦亞洲青年大會，由青年、社會、教育三部籌備，統用中印學會名義參加；最末，印度以 1949 年新德里亞洲會議決議，積極籌組亞洲區域組織並徵詢各國意見，外交部條約司等之研議意見及答覆等各節。

（四）西藏問題

　　主要蒐錄自國史館庋藏《蔣中正總統文物》收入〈革命文獻—政治：邊務（二）〉、〈積極治邊

（七）〉、〈一般資料─民國三十六年（十一）〉，
《國民政府檔案》收入〈國民大會代表選舉事務案
（十八）〉，《外交部檔案》收入〈藏案紀略〉、〈廢
除中英關於西藏之不平等條約〉、〈西藏派商務考察團
赴英美等國活動（一）〉等各卷。內容包括駐藏辦事處
處長沈宗濂呈英人謀藏實況及運用外交穩定西藏說帖，
國防部保密局、第二廳等呈英、印對藏邊境窺蝕、策動
西藏獨立、供給軍火等情，蔣中正電飭外交部檢討中英
印藏關係，駐藏辦事處兼代處長陳錫璋電陳對印度獨立
後西藏政情意見；其次 1947 年拉薩政變熱振遇害後政
府之應對，羅家倫呈蔣國民大會會場西藏代表等力謀結
合之邊疆問題紛擾情形及應付意見；復次西藏政府派夏
古巴等以商務考察為名赴英、美乞援並尋求獨立，先抵
印度訪晤甘地、尼赫魯等情；最末西藏政府驅逐國府中
央駐藏人員，政府高層之指示、羅家倫與梅農之談話及
相關處置等各節。

（五）邊界問題

　　主要蒐錄自國史館庋藏《蔣中正總統文物》收入
〈革命文獻─政治：邊務（二）〉、〈中央情報機關
（四）〉，《外交部檔案》收入〈廢除中英關於西藏
之不平等條約〉，中研院近史所檔案館庋藏《外交部
檔案》收入〈中印界務問題〉等各卷。內容包括駐藏
辦事處電陳解決印藏邊境問題意見，外交部、蒙藏委
員會、內政部之核議決議辦法，經行政院核定中印（康
藏印）界務交涉俟雙方訂約後再議，邊界資料由該三

部會蒐集以為將來交涉依據，並會同有關機關勘查界務；其次蒙藏委員會、外交部等對印度續修康藏邊境路與商併錫金、不丹等邦之情報與會商討論；最末外交部召集各有關機關決議組織中印東段邊界問題研究小組會議紀錄、計畫綱要，以及行政院指示外交部、蒙藏委員會，為廢止藏印條約有關西藏交涉事項，應列陳中央統籌辦理等各節。

（六）印巴僑務、商務、黨務

　　主要蒐錄自國史館庋藏《外交部檔案》收入〈印度僑務〉、〈遣送及救濟留印難僑〉、〈國大代表李渭濱請改善印度僑務及僑民拘留期限〉、〈各地華僑待遇資料〉、〈廢除中英關於西藏之不平等條約〉、〈劉翼凌被印度迫令離境等〉、〈向印度政府洽購麻類等〉、〈印商 Beharilal（拜益艾拉力）洽商印度新疆貿易〉、〈巴基斯坦商務代表團將來華洽商易棉〉，中研院近史所檔案館庋藏《外交部檔案》收入〈中印（印度）商約〉等各卷。內容包括僑務方面安頓留印海員與遣送南洋各地撤僑及流落印境難僑之有關交涉，第一屆印度僑民國大代表李渭濱陳述印度僑況改進意見，駐加爾各答總領事館編「旅印華僑須知」；商務方面中印友好通商航海條約草案之議訂，與印商、巴國商務考察團等洽商貿易；黨務方面為國民黨駐印度總支部書記長劉翼凌被印度政府無故勒令限期離境之交涉過程等各節。

（七）救濟新疆撤退入印巴人員

　　主要蒐錄自國史館庋藏《蔣中正總統文物》收入〈革命文獻一政治：邊務（一）〉、〈西藏問題（五）〉，《外交部檔案》收入〈協助因蒲犁事件進入印度之民兵〉、〈救助新疆入印僑民穆罕默德伊敏等〉、〈救濟滯留印巴之新疆撤退人員返臺（一）〉等各卷。內容包括 1945 年下半年新疆蒲犁縣保安隊及警察局等 20 餘人被迫退入印境，其間外交部、軍令部、新省政府之協同調查，以及駐印使領館為該等人員之暫時居留、費用、返回原籍等安排與印政府交涉經過；其次印度政府持續要求政府清還借予入印度避難軍民之生活費及回國旅費等；末了 1949 年秋新疆事變前後，主要計有國防部保密局駐新疆人員，駐防新疆原主戰後協議出走之馬呈祥、葉成等所領各軍官兵，胡宗南所部官兵，駐蘭州空軍中隊隊員，前主席麥斯武德及堯羅博士、艾沙、伊敏等新疆省府官員，以及國民黨駐甘新之中央黨部等機關人員，或繞道巴基斯坦、或穿越克什米爾等源源轉入印度，經駐印使領館辦理救濟及遣送赴臺事宜等各節。

（八）印度承認中共與政府後方布置

　　主要蒐錄自國史館庋藏《蔣中正總統文物》收入〈革命文獻一對英、印外交〉、〈革命文獻一對聯合國外交〉、〈革命文獻一蔣總統訪菲〉、〈訪問印度（一）〉、〈對美關係（五）〉、〈對韓菲越關係（二）〉，《外交部檔案》收入〈印度及緬甸駐華領

事官員動態〉、〈我於巴基斯坦設使領館〉、〈人事處雜卷：三十八年〉、〈巴基斯坦政情（一）〉、〈各國擬承認中共政權〉等各卷，國民黨黨史館庋藏《一般檔案》全宗，中研院近史所檔案館庋藏《外交部檔案》收入〈駐印大使館撤退及結束案〉、〈我駐印巴秘密聯絡員〉等各卷。內容包括 1948 年以降美蘇陣營對立、國共內戰白熱化下，政府與印度政府於聯合國及亞太區域事務之立場異同與競合，主要歷經南北韓分裂、克什米爾停火協議、遠東反共結盟等，其間印政府對承認中共事已傾向現實態度；至 1949 年春共軍南渡長江，政府為勢將西遷，且巴基斯坦反蘇反共立場，積極尋求與巴國互換使節，並籌劃開闢中巴國際路線；10 月中共建政後，印度持自主原則，決速承認，政府之相關觀察與應對，除電尼赫魯勸告、發動輿論反對、考慮派員赴印協商，外交部備擬絕交照會，與此同時羅家倫並奉准留置秘密聯絡員，與印方密洽及相關人事費用安排；最末印度於 1949 年底正式承認中共，羅家倫奉命對印度僅聲明撤館、不言絕交，並應儘速撤館，羅等於次年 1 月下旬離印赴臺，以及後續處置餘款與在印華軍公墓等各節。

本套書為能提供各界原始資料，從宏觀視角及脈絡，研析印度獨立前後中印關係轉折及延續之核心議題、關鍵因素，及其於兩岸分治後中臺印關係發展與亞洲冷戰史的影響作用，特別是冷戰初期面臨美蘇在亞洲形成對峙、國共勢力消長，與中印之間的多邊應對與連

動性，期能以史料為據、從史實出發，思考政府對印關
係的承先啟後意義。[18] 全球化衝擊下，外交史研究從而
著重全球議題與國際互動交往，回顧冷戰初期的中印關
係發展，政府從「聯印制蘇」、「先印後巴」到「聯巴
制印」以維反蘇反共立場的外交策略轉換，其間各方民
族主義思維所具國際主義與孤立主義的本質異同，泛亞
洲主義訴求文化統合、亞洲一體的政治意識，去殖民與
後殖民社會變遷過程中的斷裂與延續，亞洲反共聯盟與
不結盟運動的萌發及對立等等，對於理解當今亞太國際
政治現實、區域衝突與和平維繫，或仍有相當啟發性。

---

18 筆者曾有概要討論，參見〈國民政府與印度的歷史互動回顧——
　以印度獨立前後中印關係演變為中心〉，《印度區域經貿文化及
　產學資源中心刊物》，第 9 期（2018 年 7 月），頁 15-19。

第一章　邊界問題

第一節　解決印藏界務意見

1. 許世英呈蔣中正轉陳駐藏辦事處解決印藏邊境問題意見（1947 年 9 月 10 日）

事由：轉陳駐藏辦事處電陳解決印藏邊境問題意見，祈鑒察。

據本會駐藏辦事處申江電稱：

（一）西藏邊境，對內則與滇、康、青、新四省界線未臻十分明確，對外則與印度、尼泊爾、錫金接境處皆有問題，印藏邊境有大片藏地受英蠶食，已積四、五十年之久，故此次所傳英軍侵占自拉達克以迄桑昂曲宗一線，實牽涉本世紀來之整個印藏邊界問題。

（二）查印度政局須至明年六月底始能全部確定，為預防英人之操縱，似應早循外交途徑，向印度現當局提詢英軍在藏邊移動情形，並徵求彼方對勘定藏印邊界之意見，以試探印度現政府對我屬主權認識之程度，及其對藏印邊界之意向，而杜絕藏印直接談判之門徑，並遏制英軍在藏邊之任意行動。

（三）藏印全部邊界幾及八百英里，茲將南部邊境情形，分述如下：

　　（甲）東段：自雲南、西康及西藏實力所及之接境處起，經雜俞、路俞以迄門俞

為止。查自察隅至接鄰不丹之門達旺提郎宋為止，皆與印度之阿薩密省相鄰，為印邊直達拉薩之捷徑，且能囊括雅魯藏布江河曲之富源，控制西藏與內地之交通，英人逐漸深入，藏方又無力反抗，現欲乘印度獨立之機會，廢除對英協定，以期擺脫束縛，故此段劃界最為重要。

（乙）西段：自尼泊爾西端，沿喜馬拉雅山向西北推進，以至與崑崙山、新疆、喀什米爾接近處，除接鄰印度之聯合省與旁遮普省外，大部分與喀什米爾土邦接連，該土邦將來或有獨立之可能，而藏現時實力所達之極西部分為舊轄克（即噶大克）至羅托克一帶，其極點為札勃郎宗，此段自堆理區以西情形，無人能道其詳，將來劃界，勢必最為棘手，非事先取得藏方合作，妥為諒解，難期圓滿。

（丙）中段：自尼泊爾西端至不丹東端，自一七九二年、即乾隆五十七年所定藏尼邊界，及一八九〇年，即光緒十六年中英會議藏印條約中所定之藏哲邊界，均因時勢變遷，難資信守，而對不丹尚無文字之規定，似應統籌勘定，以杜糾紛。

　　總之，如從改約著手，界務問題，自能順序解
決；如從劃界著手，則舊約亦可因之隨而廢除
等情。除分函外交部，請就駐印羅大使現正在
京之便與之會商，積極籌計外，仰祈鈞座鑒
核，訓示祇遵！附呈中印邊界略圖。

中印邊界略圖

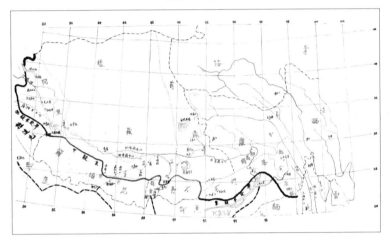

說明
（一）藏南野人山一帶，分三部，即雜俞、洛俞、門俞，按
　　　「俞」藏語即「地方」之意。
（二）雜俞首鎮為察隅，英文稱為仁馬（Rima），今為藏
　　　方佔領，屬桑昂曲宗。
（三）門俞首鎮為達旺，通稱門達旺，現為西藏色拉寺香火
　　　地，為旱南宗管轄。
（四）堆里即阿里，首鎮為噶大克，原電俱為「舊轅克」。

擬辦：擬加電外交部切實核辦，並囑該部與蒙藏委員會
隨時切取聯繫，以獲致適當解決。

批示：如擬。

〈革命文獻—政治：邊務（二）〉，《蔣中正總統文物》。

2. 內政部致外交部公函奉交核議駐藏辦事處電陳西藏界務問題意見一案抄送會議紀錄函請查照由（1947年10月6日）

查關於駐藏辦事處電陳西藏界務問題意見案，業經本部函詢貴部及蒙藏委員會派員會商決議辦法三點紀錄在卷，除呈後行政院核示外，相應抄同原紀錄及呈院文各一份，函請查照。

此致外交部。

抄附會議紀錄一份、呈院文一份。

部長張厲生

附件：外交部、蒙藏委員會、內政部奉交核議駐藏辦事處電陳西藏界務問題意見一案會議紀錄

時　間：三十六年十月二日上午九時

地　點：內政部會議室

出席人：外　交　部　林昌恆　歐陽中庸

　　　　蒙藏委員會　熊耀文

　　　　內　政　部　傅角今

主　席：傅司長

討論事項：（略）。

決議：

（一）中印（康藏印）界務交涉，行政院已有明白指示（見行政院秘書處九月二十六日卅六四防字第38873號公函），仍俟雙方訂約後再議。

（二）有關中印（康藏印）邊界資料，由外交、內政、蒙藏三部會分別蒐集，俾作將來交涉依據。

（三）派員勘查中印（康藏印）邊界，事實上尚有困
　　難，擬請行政院迅將滇康邊區主任公署籌備成
　　立，以便責成該公署就近負責辦理。
散會：同日上午十一時。

附件：
呈院文。准鈞院秘書處卅六年九月廿二日京機八字第
三三五七號通知單：以蒙藏委員會呈，據駐藏辦事處電
陳西藏界務問題之意見，請核示一案，奉院長諭：「交
內政部會同外交部及蒙藏委員會議復」，抄同原三通知
到部。遵經本部函鈞約上列兩機關派員會商，決議辦法
三點紀錄在卷。是否有當，除分函外，理合抄同原紀錄
備文。呈請鈞院鑒核示遵。
〈中印界務問題〉，《外交部檔案（近）》。

3. 外交部致蒙藏委員會公函印藏劃界事請查照由（1947 年 10 月 17 日）

准貴會九月十日京藏機字第一二六號函，以據駐藏辦事
處申江電，呈請早日劃清藏印疆界等情，囑就羅大使在
京之便，與之會商，積極籌計，並見復等由。查前准貴
會八月卅日京藏機字第一二一號代電，曾於九月廿七日
以歐 36 字第 20538 號代電覆請查核辦理；並簽具意見
以歐 36 字第 19096 號函，覆行政院秘書處請其查照明
轉陳各在卷近准行政院秘書處服八字第 74849 號通知
單，以本部歐 36 字第 19096 號函，議復貴會關於印度
獨立後對藏意見一案，奉院長諭：「依議辦理」。除分

行貴會外，相應通知等由。按藏印劃界問題，即前議各
項問題之一。本部趁駐印羅大使在京之便，對此問題迭
經商討。羅大使意見與本部意見大致相同，即：藏印疆
界確應早日劃定；惟此事頗為繁重，所需準備工作甚
多，西藏與中央合作係其首要條件；宜在中印訂約後再
議。並均認為藏印疆界最大爭議係在東段，及沿門達旺
以至西康之察隅一段，擬請貴會將洛渝等處屬於我國之
證據，及其他有關藏印疆界之各項資料，廣為蒐集並註
明資料來源，早日檢送過部，以為交涉準備。准函前
由，相應覆請查照核辦為荷！

此致蒙藏委員會。

〈中印界務問題〉，《外交部檔案（近）》。

4. 蔣中正致王世杰代電有關蒙藏委員會駐藏辦事處電陳解決印藏邊境問題意見希即切實核辦（1947 年 10 月 18 日）

外交部王部長勛鑒：

據蒙藏委員會九月十日呈以：「據該會駐藏辦事處申江
電陳解決印藏邊境問題意見：

（一）西藏邊境對外與印度、尼泊爾、錫金接壤界線
　　　不清，印藏邊界有大片藏地受英蠶食達五十年
　　　之久。此次傳英軍侵占拉達克迄桑傑曲宗一
　　　帶，實為本世紀整個印藏邊界問題。

（二）請早循外交途徑向印度當局提詢英軍在藏邊移
　　　動情形，並徵求對勘定藏印邊界意見，用杜藏
　　　印直接談判門徑。

（三）藏印南部邊境，東、西、中三段均宜特別注
意。如東段應乘印度獨立機會，廢除過去對英
協定，以擺脫束縛，〔西段與〕喀什米爾土邦
接壤，該土邦將來有獨立可能。目前藏方實力
僅達札勃郎索堆里區，以西難道其詳，應事先
取得藏方合作，免將來劃界困難。中段請代中
英所訂藏印邊約，因時勢變遷，難資信守。

對不丹邊界尚無文字規定，均應統籌勘定，以杜糾紛，
請鑒察」等情。分電諒達，希即切實核辦，並與該會隨
時聯繫，共圖適當能解決為要。

中正

酉巧府交

〈中印界務問題〉，《外交部檔案（近）》。

5. 內政部致外交部公函為關於核議駐藏辦事處電陳西藏界務問題意見一案見奉核定情形函達查照並希將現有資料先行抄送過部由（1947 年 10 月 27 日）

查關於奉交核議駐藏辦事處電陳西藏界務問題意見一
案，前經本部函約貴部及蒙藏委員會派員會商，決議辦
法三點，呈復行政院核示，並將會議紀錄於三十六年十
月六日以方字第○九九四號公函送請查照在案，茲奉行
政院三十六年十月二十二日四防字第四三二五九號指令
開：「呈件均悉，所議辦法除第三項滇康邊區主任公署
本院業經決定緩設，所有勘查康藏印界務應由該部會同
有關機關辦理外，餘准照辦。仰即知照，此令」等因，
除分行外，相應查照，並希將貴部現有有關中印（康藏

印）邊界資料，先行抄送本部一份，俾資參考為荷！

此致外交部。

部長張厲生

〈中印界務問題〉，《外交部檔案（近）》。

第二節　印度續修康藏邊境路與商併土邦

1. 蒙藏委員會密函外交部關於英人修築薩地亞至察隅公路情形（1948 年 4 月 13 日）

案據本會滇西調查組報稱：「英人修築薩的雅至察隅公路之情形如下：「

（一）民國三十三年由薩的雅至察隅之公路，已修至托洛林，英人欲繼續北修，藏人反對及其他關係，修路工程曾一度停止。

（二）自三十四年起，又復興工修築該路。三十五年，公路已北進至瓦弄，再度為藏人反對而中止。

（三）該路自遇藏人反對，因而不能繼續修築，後英人不惜以重金賄略拉薩之執政藏官，又不斷派員向桑昂卻宗宗本（縣長）與察隅之神翁（又稱協敖——等於各縣之鄉長）交涉，並以金錢利誘，囑彼等一面向拉薩方面作有利於英方修築該路之宣傳與報告，另一面須嚴禁漢商由察隅經該路前往印度。

（四）英人賄賂計畫成功。去歲，藏方派冬馬本一名（地位等於土千總），於舊曆十月底、十一月初，由察隅赴薩的雅，與英人接洽該路築至察隅等問題。計算日程，該冬馬本早已抵達薩的雅。

以上各項乃英人修築薩察公路之經過情形，影響我國國防甚大，殊堪注意」等情。除分呈國民政府及行政院並

分函國防部外，相應函達，即希查照參考為荷。

此致外交部。

委員長許世英

〈中印界務問題〉，《外交部檔案（近）》。

2. 蒙藏委員會致外交部快郵代電關於印方修築自薩地亞至察隅公路事（1948 年 6 月 24 日）

外交部公鑒：

據本會駐藏辦事處陳代處長錫璋己寒電稱：「

（一）關於印方修築自薩的亞至察隅公路一節，經與
　　　藏方當局泛論該區情形，藏方否認英印築有公
　　　路通至瓦龍情事。

（二）自薩的亞至白馬岡一線，亦屬納霍野人山區，
　　　印方早有沿地邦河向北修路情事，該區野人不
　　　知英印勢力，對藏甚少印象。根據坊間印度地
　　　圖，關於此段印度未定邊界，其最北端已達岡
　　　里卡波山隘，似已接近桑昂曲宗西北之旭丹貢
　　　巴與雅魯藏布江河灣之白馬岡暨工布一帶，藏
　　　方對此似迄無整個對策。

（三）以上兩線均屬印藏東境邊界之一部，如不及時
　　　整理而聽由藏人自決，則東起察隅，西迄孟
　　　隅，其間之無定山區，必遭印方蠶食。

（四）印度現既以自治領地位接收政權，該項公路移
　　　交印方接管，自屬意中。嗣後有無英人來往，
　　　似無若干重要性矣。

（五）謹查印方對我尚稱友誼，可否逕由外交途徑試

深對方勘界意見，或同意我方派員前往作學術

性調查或遊歷之處。

敬乞鈞裁」等情。除分呈府院並代電國防部外，相應電

達查照，關於第五項並請貴部研議見復為荷。

蒙藏委員會

巳迴印

〈中印界務問題〉，《外交部檔案（近）》。

3. 蔣中正致王世杰代電據蒙藏委員會電稱藏方對英印於印藏東境邊界修路迄無對策希即迅予切實核辦（1948 年 7 月 5 日）

外交部王部長勛鑒：

據蒙藏委員會許委員長巳敬京藏機字第776號代電呈，

為據該會駐藏辦事處陳代處長錫璋巳寒電稱：

（一）關於印方修築自薩的亞至察隅公路，經與藏
商討，但藏方巳否認英印築有公路通至瓦龍
情事。

（二）自薩的亞至白馬岡一線，印方早有沿地邦河向
北修路情事，根據坊間印度地圖，關於此段印
藏未定邊界，其最北端巳達岡里卡波山隘，似
已接近桑昂曲宗西北之旭單貢巴與雅魯藏布江
河灣之白馬岡暨工布一帶，藏方對此迄無整個
對策。

查兩線均屬印藏東境邊界之一部，如不及時整理，聽由
藏人自決，恐東起察隅，西迄孟隅，其間無定山區，必
遭印方蠶食等情。分電諒達，希即迅予切實核辦為要。

中正

午微府貳

〈中印界務問題〉，《外交部檔案（近）》。

4. 外交部密函蒙藏委員會關於英印在康藏邊境築路事 （1948 年 7 月 23 日）

蒙藏委員會密鑒：

關於英印在康藏邊境築路案，因事涉中印未定界，本部甚為注意，將召集有關機關開會商討，以決定對策外，並已密電駐印度羅大使，探詢：印度所認之康藏與印度阿薩密省交界線何在？英印向該方面察隅、白馬崗及門達旺三地築路，現在究進展至何處？是否仍在繼續進行？其目的地何在？希貴會迅即密電駐藏辦事處，向藏方正式詢問：藏方習慣上遵守之中印交界線，究在何處？及英印現在康藏野人山以南地區築路，藏方是否認為在我國康藏領土區內進行？又關於此界務及築路事，英印及印度政府與藏方曾有何接洽及協議？並希迅復，以為向印度交涉之參考。相應電請查照辦理，並見復為荷。

外交部（歐）

〈中印界務問題〉，《外交部檔案（近）》。

5. 外交部召集各有關機關代表討論中印界務及英印侵略康藏問題會議紀錄（1948 年 7 月 30 日）

會議時間：卅七年七月三十日上午九時至十二時

地　　點：外交部大禮堂

出　　席：蒙藏委員會　　　熊處長耀文
　　　　　資源委員會　　　張參事家社
　　　　　國防部二廳二處　吳處長景教
　　　　　內政部方域司　　鄧茹剛
　　　　　工商部　　　　　楊司長樹人
　　　　　交通部　　　　　陳鑫　張誌公　楊大懋
　　　　　中央地質調查所　曾鼎乾
　　　　　外交部　　　　　陶幫辦寅　劉科長藎章
　　　　　　　　　　　　　歐陽專員中庸
主　　席：外交部陶幫辦寅
紀　　錄：鄭錫霖

一、討論

主席：今日開會目的在討論中印界務及英印侵略康藏問
題。吾人均已獲悉印度政府刻在康藏與印度之邊境積極
修築公路，此事影響我疆界與國防甚鉅，我政府應即商
取對策。然此一問題又牽涉中印未定界事，故在我未詳
細研究、充分準備前，勢難遽爾提出交涉。至於應如何
蒐集資料、進行研究，希望各有關機關與之發表意見。
內政部代表：方域司成立不久，資料不多，所搜集地圖
與普通地圖相差無幾。關於中印邊界，雙方並未訂約，
我方現若提出交涉，並無適當之法律根據。且英印在築
路區，勢力伸入已久，交涉益增困難。故目前應由各方
面先搜集資料，然後再行交涉。憶民國卅四年立法院曾
通過設立滇康邊區主任公署，後因經費問題，迄今猶未
成立。當時決定設立此一機構之目的，一面在勘界，一

面在搜集邊區情報。今日在此種情勢下，似應催請行政
院早日予以設立。

國防部代表：（一）中印雙方所劃界線相差甚遠，英印
之界線隨政治統治力量向北移，即其勢力愈擴張，其邊
界愈向北移。我國所定界線係根據參謀本部測量局所
繪，並經審查認定之基準線，現其所根據之資料多過於
陳舊也。

（二）英印築路情形：據密報，印度政府有一開發邊區
五年計畫。其中築路部分，擬以一千二百八十萬盧比，
修築六百零三公里之公路。然此等公路均係在印度政府
所劃界線以內，目前因受時間、金錢之限制，尚不至向
北伸展。英印在羅洞、尼采坎等地，設有水力發電廠，
在塔旺及提郎宗兩地，派駐行政官，並設有學校。

（三）未定界區概況：

一、察隅於民國二年設縣，康定尚有案可稽。惟實際
　　上，縣長到任甫二月即被逐，故能否覓取政治上之
　　有力證據，尚屬問題。當地喇嘛廟為宿資寺院所
　　派。就語文及血統言，該地人民均係康人。

二、工布地區：彼此爭奪，究竟誰屬，情況不明。

三、波密：該地人民有漢人血統，因不願受藏人統治，
　　曾請求英人保護；後又逃至印度，請求英國管轄，
　　竟老死於印度。

四、洛渝野人區：中英勢力均未伸入，密東寺及桑珠林
　　寺喇嘛常至該地易貨，稍有經濟關係。就語文及血
　　統而言，其人民均與西藏有密切關係，一切地名均
　　由藏文譯出。

我國所劃界線係一人文線，因該區人民之血統、語文均
與我相近，此點我應予以堅持。目前要務應立即派員赴
當地搜集實際證據，如官吏之委任狀、人民之糧票等。
實地勘查時，應用其地商業性質之名義，以避耳目。

蒙藏委員會代表：本案所有資料極為零碎，報告來源亦
須考證，故仍乏有力根據。西藏方面無歷史性文件，因
該地行政簡單，一事辦妥，即算完竣，並無檔案之保
藏。此等邊區，西藏實際上亦從未加以過問，當地土著
亦不知應屬何人管轄。此次邊界交涉，無論對象為何，
如中藏意見未能一致，則交涉必極困難。去年西藏國大
代表晉京時曾表示，西藏希望收回所有邊區失地。然藏
方從未忘卻擺脫中國而獨立之願望，故不願與我政府合
作。此次印度政府修築公路，我應予以密切注意，不
然，印方造成現成事實後，當更難向之交涉。至於派員
赴當地勘查，當以派專家為宜，否則往勞無功，不能蒐
集有價值資料。

外交部代表：目前未定界區究屬何人控制？內政、國防
兩部有否資料？

國防部代表：印度設有東北邊省，包括此區，並派駐有
官吏駐戍，關於此事，駐印武官曾有詳盡報告，有關案
卷存內政部處。

工商部代表：本部認為亦有實際調查之必要，或可附帶
發現重要礦產。本部地質調查所出版有《西藏及金沙江
以西之地質調查》一書，送供外交部參考。

交通部代表：戰時本部除修築中印公路外，並無其他有
關中印邊境之資料。

資源委員會代表：派員實地勘查似屬必要，但其經費預算亦應早日決定。

主席：綜各部意見，可作以下結論：

（一）目前所應研究之中印邊界，應侷限於自不丹至滇緬北段邊界之一段。

（二）除非將來能提出更有利於我方之界線，現暫假定我方所認定之中印東段國界，仍照前參謀本部所測繪之界線。

（三）各部先就所有檔案，彙集有關資料。至如何蒐集新資料，暨如何進行實際調查，擬組織一小組，從事討論詳細辦法。

二、決議：

（一）組織一中印東段邊界問題研究小組，除資源委員會及交通部暫無經常參加之必要外，由外交部、蒙藏委員會、國防部、內政部、工商部合組而成；公推外交部負責召集。該小組工作應完全秘密，各部令參加小組人員務由外交部函請各部會派定。

（二）由內政部呈請行政院，早日設立滇康邊區主任公署。

〈中印界務問題〉，《外交部檔案（近）》。

6. 羅家倫密電王世杰關於與梅農交涉噶倫堡設館及印度正與錫金、不丹等邦商議合併事（1948 年 8 月 8 日）

第 351 號。八日。南京外交部。極密。

王部長：

七日梅農來館，談噶倫堡設館事，初言接潘尼迦電稱：

「中國政府告彼：如印不同意噶設領，則華不同意疏附設領」，彼以為此係爭執權指態度，故不願同意。倫謂：「彼如對此介意，則中國亦有話說，去年中國提議斯林拉佳設領，原係好意，何故停頓拒絕，中國頗感不快。現在雙方當忘小節，而為大處」。彼默然後：「如任中國設領，則蘇聯或巴基斯坦亦將要求在斯林拉佳設領」。倫知係遁詞，乃曰：「此不可比，巴所要求者，為整個喀什米爾，不僅斯城設領」。彼知失言，乃曰：「巴方所求自係全喀」。至此，彼方吐實情，謂：「印度正與錫金、不丹等邦商議合併，如噶設領，恐彼等以為中國將參加一分」。倫答：「設領何至有此重大影響？中國對土邦決無興趣。據吾所知，印度從未說過西藏非中國領土一部分」。蓋此點出其隱衷，其實，錫金原亦屬西藏也。彼隨口應曰：「從未說過」，倫曰：「余希望君與我以老友態度，居中彌縫，達到雙方設領目的。請將鄙意轉達印政府，重行考慮」。彼應允，彼又露巴基斯坦欲分印度疏附總領事館財產。據倫觀察，尼赫魯無暇對此細想，此乃彼作梗。公超兄深知彼態度，印度雖稱打倒英帝國主義，卻滿心要繼續，並鞏固其侵略結果。目前擴軍氣焰甚大，此事且答覆如何，不妨暫冷，於我無損。謹聞。琴五、公超兩兄前致候。

羅家倫

〈中印界務問題〉，《外交部檔案（近）》。

7. 歐洲司簽呈外交部部次長關於印度與錫金、不丹等邦商議合併事（1948 年 8 月 12 日）

簽呈：

謹按據駐印羅大使八月八日第351號電，印外次梅農吐露，謂：「印度正與錫金、不丹等邦，商議合併，如噶設領，恐彼等以為中國將參加一份」等語。中國政府對此事，應採何態度，謹略加概述。

一、錫金及不丹政治關係之沿革（錫金與不丹均受英印之保護）

查錫金（即哲孟雄）、不丹及尼泊爾，於清時為我藩屬，然清廷對此等小邦，公接見其貢使，勅賞其國君外，並無現代之條約關係。英人經略印度成功，進而窺藏，將界於藏印之錫金與不丹兩小邦，首收為保護國。

一八八七至一八八八年，英藏開釁，英印兵占錫金，中國駐藏幫辦大臣升泰與印度領督蘭斯敦勛爵（Lord Lansdowne），於一八九〇年（光緒十二年），在印度加爾各答締結藏印條約八款（亦可稱為哲孟雄條約），規定：「哲孟雄由英國一國保護督理，其內政、外交均應掌由英國一國逕辦；該部長暨官員等，除由英國經理準行之事外，概不得與無論何國交涉來往」（查錫金舊為西藏屬地）。

一八六五年（同治四年），英人與不丹因事啟釁。戰停，英不締約，不割第斯泰河以東之地與英。此後，藏英交惡。藏屢請不丹一致對英；不丹懾於英勢，未敢援助。一九〇八年（光緒卅四年），英鑒於趙爾豐之經略川邊，遣英駐哲藏代表查理柏爾（Sir Charles Bell）入

不丹，多方引誘，於一九一〇年（宣統二年），與不丹
國王黃察克（Sir Ugyen Wangchuck）在不丹之班納加
（Punaka）締結英不條約，其要旨為：（一）英國增加
每年給與不丹政府之津貼；（二）英國政府對不丹之內
政，聲明不加干預，惟關於不丹之對外關係，不丹政府
承認願受英國之指導。據柏爾氏於《西藏今昔觀》一書
之自述，此約締結，英國所獲利益甚多：

（一）保護不丹毗連之印度富庶區域，防止中國之
　　　干涉；

（二）不丹土腴，氣候溫和，此約阻止中國移民駐兵；

（三）不丹可成為緩衝地帶，而便利英人入藏。

二、印度獨立後土邦之存廢（就對我國之關係言，錫金
及不丹非其他印度土邦可比）

印度獨立後，對在印度聯邦內之各土邦，均促使併入印
度聯邦政府體系內，以構成統一之印度，此為印度政府
已定之國策。印度擬歸併與中國素無政治及他種關係之
土邦，此為印度內政問題，中國毫無過問之理由與必
要。然錫金與不丹，在地理上與中國西藏相鄰，且扼印
藏交通要道，不丹北端土地更接近拉薩。在人文方面，
錫金、不丹與漢藏相同。在政治方面，則五十八年及
三十八年前錫金與不丹猶分別為中國藩屬。因此，中國
對於錫金與不丹之併入印度聯邦，自不能不表深切注
意，尤其當西藏尚為中印間待談判解決之懸案時，關於
西藏邊境之情況，中國亟願維持現狀。

三、中英以往關於不丹、尼泊爾之交涉（英國不承認錫金、不丹與我國仍有政府隸屬關係）

查已往中英所訂條約，除一八九〇年之藏印條約割錫金為英保護國外，無其他條約涉及錫金、不丹、尼泊爾者，中國亦未與諸土邦直接訂約。英於一九一〇年與不丹訂約，使不丹成為英保護國，約訂後，亦未通知中國。

宣統二年，我駐藏大臣致不丹文書，仍沿以前體例，用命令語。英對此提出抗議，並謂凡致不丹國王文書，須經英國政府轉交，始為有效。我外部駁稱：「不丹向為中國藩屬，中國駐藏大臣，對該部酋行文，向用檄諭程式，尼泊爾即廓爾喀服屬中國最久，歷年來京朝貢，固我完全之舊邦也。至於哲孟雄部，根據中英藏印條約，歸英保護，自不能與不丹、尼泊爾視同一律。至於不丹與英訂有若何條約，中國政府未嘗聞知，中國駐藏大臣對於不丹行文，採用何種程式，絕對不能受英國政府之限制之」。駐京英使朱爾典復行答辯。宣統三年我外部再覆牒英使，略謂：「不丹、尼泊爾兩部屬，皆係中國藩部，確證歷歷，不勝枚舉。中國駐藏大臣對於不丹行文，當然查照成案辦理，惟哲孟雄部，以依中英藏印條約，定為英國保護之邦，如對哲部行文，自可不與不丹、尼泊爾一律看待」。英朱使向我外部答辯稱：「英國政府不能承認不丹、尼泊爾兩部落猶為中國藩邦，今後中國政府對該兩部如仍有所干涉，則英國政府不能不取對抗之行動」。

自達賴十三世出亡印度，中英關於藏案及不丹、尼泊爾

之交涉遂停頓。辛亥革命後，中國在藏勢力崩潰，對不丹、尼泊爾等問題更無暇過問。經英人數十年經管，錫金、不丹恐亦不知「漢官威儀」之矣。

四、中國對於印度擬併錫金、不丹事應採之態度及步驟（我方似應主張中印雙方對於兩國邊界上之情勢暫不予更動，以待雙方作廣泛之會商）

基於上述，我國由於政治上之利害關係，似應向印度表示：「中印間康藏與阿薩密之邊界尚待會同勘定。在此時，中國亟望雙方對於中印邊界上之情勢暫不以片面行動予以更動，以免妨害他方之政治經濟利益，而引起將來中印間之紛爭。不丹與錫金為中印間之緩衝地，對於中印邊境之安定頗為重要，若印度合併此二小邦，勢必駐兵設防並採取其他措施。中國西南邊疆，尤其西藏，必將感受甚大之影響，中國政府希望中印兩國政府為謀穩定雙方邊界之情勢，而於適當時間舉行會商，討論各項有關問題」。

我方辦理此事之步擬定如下：

甲、請蒙委會轉飭駐藏辦事處向藏當局探詢其對印度合併錫金及不丹之意見，又前據報西藏曾向英印索還該二小邦，現在交涉進度如何。飭羅大使繼續密查印方合併計劃之詳情及其辦理程度：（本部前曾飭羅大使查報西藏索還該二小邦事，據復正調查中，後即未據續報），並調查錫金及不丹人民對於此事之態度。飭駐英鄭大使向英方探詢其對此事之態度，並查英印原與該二小邦有何有關約定或洽商。

乙、俟以上各點均經查明後，即由本部將我國態度酌

告印度駐華大使，請其轉達印度政府。又印方因欲合併此二小邦，而不欲同意我方在噶倫堡設領之需求，我方應堅持非印度同意我在噶倫堡設領之需求，我國不同意印度在疏附設領之需求。

丙、我方如認為必要時，可由本部發言人或其他政府主管機關（如蒙委會、行政院新聞局）或報紙將我方態度予以宣示，以喚起印方及其他有關人士之注意。

以上所陳是否可行，理合簽請鈞核。謹呈。

〈中印界務問題〉，《外交部檔案（近）》。

8. 外交部歐洲司第一科擬「中印界務及英印侵略康藏問題研究」（1948 年 9 月 13 日）

查英印向康境察隅修路一案，並非新發生事件，實為英人歷年來利用我國康藏與印度疆界未經條約正式劃定，我中央政府權力未能伸張於西藏，暨西藏未能對康藏野人山以南甌脫地區之土著加以實力控制之弱點，向康藏南部進行全面侵略，所造成既成事實之一部。（參閱卅七年八月廿七日南京《中央日報》）

外交部對於有關西藏之外交問題，素在嚴密注意之中，目前曾迭向英方提出交涉。現印度既已獨立，不論現在康藏方面，有無英人參與築路之事，印度政府對此實應負完全責任。

印度大使館於本年五月九日發表聲明（參閱五月十日《中央日報》）稱：「據中國報章登載：英國政府已著手進行一項自印度修築公路一條至西藏及西康境內之計

劃，實則並無其事，茲當鄭重聲明者：即英國政府對於印度並無是項權力，而印度政府亦無意於其本國領土外築路，是項傳說與報導並無根據」等語。該項聲明有兩點值得提出討論：

（一）我國方面所指係「英印」並非「英國」，所謂築路事，乃英國歷來所經營，而由現在印度政府繼續經營者，我對印交涉時，應將此點加以說明，並告以不論有無英人參與其事，中國政府只以獨立之印度政府為交涉對象。

（二）印度政府似認為，其現在康藏印邊境築路，均係在印度領土內之行動，但究竟中印國界應立何處，中國方面報導未確實言及，印度大使館聲明亦避而不述。

查印度向察隅築路問題，係整個中印邊界問題之一環，未可因印度大使館此項空泛之聲明，即不向印度政府商談康藏及印度之界務問題。但因西藏外交問題牽涉甚廣，與內政、國防頗有關係，亟應由我中央有關部會共同研究，擬具對策，然後再向印度政府交涉，俾求妥慎。茲為供研究時之參考起見，特將中印界務問題，及英人向康藏侵略經過，概述於後。

一、中印界務問題

中印界務之亟待解決者，為中印國界東段康藏與印度阿薩密省交界一線。在中印地圖上所繪之國界線，中國方面所主張者與印度方面所主張者，大有出入。依照中國所印地圖，此項國界係從西境阿米垃特勒Amra Tala 沿靠 Brahmaputra 江東至察郎（或茶梅嶺）Chameliang，

外國輿圖照此繪界者，所舉其二，即 *The Oxford Advanced Atlas*（John Bartholomew, 6th edition, Oxford University Press, 1940）及 *Hammonds' New International World Atlas*（C. S. Hammond & Company Inc. New York, 1947）。

印度地圖所繪之該方面國界，以印度已經侵占控制或認為於印度邊防有利之地區為界，由我國所認界線平均向北推進約二百英里，東端抵接近察隅之瓦龍，西端囊括提郎宗門達旺，中部深入白馬崗雅魯藏布江河曲附近，包括洛渝。從地圖上觀之，與被蠶食之區域，幾等於尼泊爾面積。該區域屬亞熱帶，物產豐饒，英印經營已久，不啻視為己有，西藏當局對該區域，既不能自力經營，對英印之蠶食政策，諱莫如深。亦不請中央對英印交涉。反之，卻予英方於該區域種種便利，對中央及漢人欲往該區域者，抱深閉固拒之政策，是以中央對該方面，實情難明，交涉因感棘手。

我國對於已被蠶食之偌大區域，因格於情勢，前此未能向英印交涉，而形成現在既成事實。所謂「築路問題」，比較言之，不過為細微末節而已。故我對印度交涉，應測量疆界問題，蓋疆界確定，則印度築路是否越境自可判定。根據最近情報，英印及印度所築公路，雖尚未修至察隅（印方地圖仍將此地列為我國境內），但如依照我國地圖，則英印等築路活動，早已在我國領土內進行，我方亟應因此次築路問題，向印度提出關於該方面疆界之交涉。然於已經印度地圖劃入印度版圖之康藏邊疆，我方最好能於歷史及其他文獻中，蒐集該地區隸屬中國管轄之證據，以為對印交涉之根據。此事應由

有關部會分別辦理，然後共同研究，同時西藏當局認為西藏及西康（現在藏方控制下之部分）與印度疆界應在何處，亦應明瞭。而中央向印度交涉康藏印疆界問題，是否應使西藏當局知悉，俾不致與中央之措施背道而馳，均應請蒙藏委員會研究辦理。

查內政部曾於卅六年十月二日，會同蒙藏委員會及外交部舉行關於康藏與印度之界務會議，決議三項呈報行政院：

（一）關於劃清康藏與印度疆界問題，按外交部呈准行政院辦法辦理，即俟中印訂約後再議。

（二）有關各機關應即分別搜集有關康藏與印度劃界問題之資料，以為交涉準備。

（三）因有關各機關會同組織勘界委員會，前往康藏印邊境勘界，事實上有困難，應呈請行政院，迅予實際組織「滇康邊區主任公署」，俾使就近派員勘查。

關於設置滇康邊區行政機構案，其組織規模，曾經立法院通過，則以種種關係，暫緩設置。後經上述三部會會呈設置，乃由行政院秘書處召集內政、國防、外交各部暨蒙藏委員會，於卅六年十一月六日開會審查，認為仍應設立。復由院飭國防部擬具經營滇康邊區實施計畫大綱草案，由行政院秘書處召集內政、外交、經濟、交通、國防、教育、衛生各部暨蒙藏委員會、資源委員會，於卅七年二月六日開會審查決議：

（一）應設置該機構。

（二）照國防部所擬實施計畫大綱，再加詳細研討。

（三）提請院會討論。上述為關於康藏界務所達到之
　　　進度。

二、康藏南境英印侵略情形

查不丹以東，康藏野人山以南之洛渝地區，英、印歷年
經營視為己有，其歷年經略經過，尚無詳細調查。最近
及以前外交部所獲自各方之情報，均著重於英人向察
隅、白馬崗、門達旺三方面侵略情形，除察隅、白馬崗
兩地尚經印度地圖將其列入我國境內外，門達旺則已列
入印度版圖。如照印度觀點，除印度築路以進入察隅及
白馬崗，則我方不能謂其已在康藏境內築路，我方尚未
指明康藏印之邊界，究在何處，逾何處即為越界，故印
度政府乃依據其本國觀點，否認在我國境內築路之事。
以前外交部據報英印軍隊有侵入察隅科麥情事，曾於卅
六年照會印度大使館抗議，該館於同年四月十一日略覆
稱：「英印部隊之行動，完全限於業經接受逾三十年以
上之康藏印疆界」，措辭尤屬荒謬。故我方此時應即向
印度談判康藏與印度疆界問題，我方之疆界主張一經表
明，印方行動當亦有所顧慮。

關於英印及印度向察隅方面進行築路事，最近報紙略有
報導，係根據重慶行轅消息，據報該路已修至距察隅南
百餘華里之瓦隆，但西藏當局對駐藏辦事處否認此事
（卅四年英印在瓦隆建營房，立無線電台，派英兵廿餘
人常川駐守）。又據蒙藏委員會滇西調查組最近報告，
英印修築塞地亞至察隅公路之情形如下：

（一）民國卅三年由塞地亞至察隅之公路，已修至托
　　　洛林，以藏人反對中止。

（二）卅四年及卅五年間公路續修至瓦隆，再度為藏人反對中止。

（三）英人以重金賄賂拉薩之執政藏官，不斷派人向桑昂曲宗宗本（縣長），與察隅之神翁（又稱協敖－鄉長）交涉，並以金錢利誘，囑彼等一面向拉薩方面作有利與英方修築該路之宣傳與報告，另一方面須嚴禁漢商由察隅經該路線往印度。

（四）英人賄賂計畫成功，去歲藏方派冬馬本一名（地位當於土千總），於舊曆十月底、十一月初，由察隅赴塞地亞，與英人接洽該路築至察隅等問題，計算日程，該冬馬本早已抵達塞地亞。

又據去年蒙藏委員會昌都調查員報告，卅六年英方派尼泊爾籍兵士三百名及印回納轟兩族民工各三百名，另僱有西康逃民百餘共一千人，修築由阿桑東端，繞突郎拉山，循洛渝河右岸，經阿娃拉、木空、甲來林、瓦地，以至瓦隆之公路，已修至甲米林，占全線三分之一，定卅七年修至瓦隆。戍路英軍調回本國，真正英人，只見督導路工之高級官二員，英人除占洛渝東端納轟族居地外，又霸占察隅之瓦隆、德業、達巴三村。

關於白馬崗 Pemako 方面，一九四七年冬英籍官員曾帶領印度及尼泊爾士兵至密爾根 Mirging，總數大約五百人，所攜器械，有步槍、機槍、測量器，大約重在測量，其給養機槍投擲，並擬於該方面修通公路至波密。又據報一九四七年英印在丹巴以東，自南向北築公路，擬通至波密，工人一千八百名，有高級英官二人任督

導，測量員、監工為印度孟加拉人，該路在洛渝已有八站通車，距白馬崗尚有七站。

關於提郎宗 Dhirung Dzong 及門達旺方面，一九三八年英人即派大批人員至提郎宗調查、測量並架橋。一九四二年派兵駐提郎宗，強奪藏官行政權，各村鎮由英方另行委派新「鄉約」，英即於占領提郎宗後，更進而鼓動門達旺人民，使不受藏政府管轄此兩地，且經印度官方地圖劃入印度境內，英印方面似有由提郎宗、門達旺，向崔納宗 Tsona Dzong 發展之企圖。

三、結論

綜上所述，我國政府亟應準備之工作為：

1. 有關各機關共同研討會商辦法。

2. 蒐集中國在康藏邊境被英印及印度蠶食土地之證據。

3. 調製關於該地區之詳細中英文對照地圖。

4. 向西藏地方當局正式詢問，藏方認為康藏南境與印度交界地點究竟在何處，及關於邊界及築路事，藏方與英印及印度曾有何接洽及協議？

5. 飭駐印度大使館查明英印及印度在康藏邊境修路現在進展至何處？是否續修？起點及其目的地何在？

6. 俟我國政府決定步驟後，即向印度政府採詢印度所認之該方面中印國境究在何處？

7. 俟上述各事布置妥當，即向印度政府提議談判中印康藏邊境勘界之事。

〈中印界務問題〉，《外交部檔案（近）》。

9. 蒙藏委員會致外交部代電關於英印在康藏邊境築路案（1948 年 9 月 20 日）

外交部公鑒：

案查前准貴部卅七年七月廿三日歐一字第一七二四九號代電：以關於英印在康藏邊境築路案，將召集有關機關開會商討，囑密電本會駐藏辦事處向藏方正式詢問：「藏方習慣上遵守之中印交界線究在何處，及英印現在康藏野人山以南地區築路，藏方是否認為在我國康藏領土內進行，及有何接洽協議，以為向印度交涉之參考」等由，經密電該處，詢問去後。茲據未洽電稱：「關於藏方習慣上遵守中印交界，及現藏方實力所及各在何處，正與藏方關係人員考察研究。藏方既無自製地圖，亦無詳確紀載，工作頗難，俟得相當結果，再行呈報。英印在野人山地區築路，藏方認為已進入其現時實力不及之地域以內，惟未對英印提出抗議。至於界務築路事，藏方謂：上年尼赫魯徵求藏方對續舊的之意見時，藏方曾復以須將英人侵地交還後商談。此外，並未接洽」等語。特電轉達，即希查照參考為荷。

蒙藏委員會申哿印

〈中印界務問題〉，《外交部檔案（近）》。

第三節　研議廢約訂約

1. 中印東段界務問題研究小組第一次會議紀錄（1948 年9月25日）

時　　間：三十七年九月二十五日上午九時至十二時

地　　點：外交部大禮堂

出席者：蒙藏委員會　李茂鬱

　　　　工　商　部　楊司長樹人

　　　　　　　　　　曾鼎乾（中央地質調查所）

　　　　國　防　部　王宏抱

　　　　內　政　部　鄧茹剛

　　　　外　交　部　尹總領事祿光　尹專門委員明德

　　　　　　　　　　歐陽專員中庸

主　　席：尹祿光

紀　　錄：馮霖生

一、討論

主席：據外交部意見，此事離交涉階段尚早，目前吾人僅能作搜集資料等準備工作，至於應如何搜集資料，進行研究，請各有關機關多多發表意見。

蒙藏委員會代表：根據本會駐藏辦事處呈報，西藏方面對於西藏、印度究以何線為界，亦無記載可據。此次英人侵入藏界築路，已造成既成事實，藏方實力不能達到，亦無辦法。惟習慣上，現英人築路所侵入土地，過去均係認為屬於藏方者。自英方撤離西藏後，印度即向藏方提出承受英人在藏權利義務之要求，藏方答以請先歸退過去英人所侵占西藏之土地，此事遂無結果。

國防部代表：聞民國二年時，我國政府曾頒布川邊設縣計畫，惟關於川邊國界線並無案可查，根據一九四六年印方地圖，其界線向東北侵越我領土甚多，與國防部參謀本部所繪地圖，顯有不同。

蒙藏委員會代表：印方地圖上所繪界線，均無條約根據。

內政部代表：金沙江以西、不丹以東地帶，事實上均歸西藏政府所控制。本人以為在討論中印界務問題以前，首先應解決西藏問題。西藏對邊界並不甚注意，對中央及對英印，均為敷衍政策。前次各機關開會時，決議派代表赴藏考察，如藏方不能同意，則必引起甚多困難。

工商部代表楊樹人：本部與界務問題關係較少，僅地質學方面可有所協助。但本部認為此事如應進行，則宜早日解決。若依照上次會議決議，派考察團由西康踰山前往，明春亦恐難到達，此項路線，似可考慮改變。

蒙藏委員會代表：內政部代表意見甚是。本會可飭駐藏辦事處向藏方商洽。事實上，吾人亦必須有藏方之協助，否則糧食方面則根本成問題。

外交部代表歐陽中庸：此段未定界地區，在三、四十年前，我國既無實力控制，英印亦未侵入，尚為化外之地。現英印已以實力造成既成事實，吾人如欲改變英印擅定之界線，似可依下述二法著手選行。積極方面：用實力進行，如設置滇康邊區綏靖公署等是。消極方面：從學理、歷史、人文、地質等方面研究，以證明此地應屬中國，並證明英印對於此地並無主權。吾人現雖未能證明此等英印所侵越之地區屬我，但印方亦提不出此等

地區應屬印度之證據。俟研究有結果，再提出交涉。

工商部代表楊樹人：未定界最後之解決方法，仍為雙方妥協，故最重要之問題厥在搜集三十年之一切證據，再行談判。

國防部代表：依照印度所繪地圖，察隅以南，亦非印人所有。

外交部代表尹明德：吾人在檔案中發現一地圖，將英印現所侵越地區，劃為不丹屬地，此雖與我不利，但至少可證明非印人所有。現印人所繪地圖，逐年向東北擴展，吾人擬可搜集歷年來印人所繪地圖，必要時可西康省政府供給資料，再向印度大使館提出交涉。

工商部代表楊樹人：印度方獨立未久，且中印邦交甚睦，我國早不向英國提出交涉，而現向印度交涉，是否相宜。

外交部代表歐陽中庸：中印邦交雖睦，但印度並無意放棄在西藏權益，我方向印交涉，自必適當時期提出。

蒙藏委員會代表：前外交部及蒙藏委員會，關於此事會呈行政院時，曾謂擬將中印界務問題於中印訂約後提出。現中印條約已否訂妥，對於界務問題，我方似可向印方表示一下態度。

外交部代表：中印條約現仍在議訂中。

內政部代表：本人仍認為中央與西藏政府取得一致步驟，為討論界務問題之先決條件。

蒙藏委員會代表：此事本會甚為注意，但民國以來戰禍頻仍，繼之以抗戰、勘亂，中央與西藏之關係迄未能調整。

國防部代表：赴藏考察團之名義，可否借用商務代表團之名稱，用以掩護。

蒙藏委員會代表：藏方採用二重外交，毫無信用，考察團恐僅能從印度折往，如由內地去，似甚困難，藏方對於商務代表團似不歡迎。

工商部代表曾鼎乾：考察團赴藏時，可由印度折往，歸途再由拉薩經察隅，考察所需調查之邊區。

外交部代表尹祿光：由印度赴藏及由內地赴藏之兩種方法，似可同時進行，此項考察團似可藉用學術團體之名義。

國防部代表：吾人先應決定此一學術考察團之名稱。

蒙藏委員會代表：似可定名為喜馬拉雅山考察團。

工商部代表楊樹人：應待與各學者研究後再行決定。

外交部代表歐陽中庸：關於中印界線之訂定，應先請內政部劃一詳細地圖。

內政部代表：內政部方域司已有一草圖，正式之詳細地圖，仍待搜集資料，再行繪製。

國防部代表：可否公開向藏方商洽本案，使明白此事之重要，並與考察團同時進行。

蒙藏委員會代表：似暫不必提出，以免英印方面明白中央派遣赴藏考察團之真意。

主席：根據各代表意見，吾人可得下述決議（見後）。又此事離交涉階段尚平，故與外交部方面關係尚少，下次會議義似應由內政部主持。

內政部代表：此事牽涉甚廣，有關之部會甚多，本部以為下次會議仍請外交部召開為宜。至於第二次會議以

後，由何機關召集，似可留待下次討論。

二、建議

（一）為明瞭康藏邊區實際情形起見，應派員赴當地
　　　考察，其進行方式有二：

　　　　1.組織一學術團體名義之考察團，由印度方面
　　　　　前往，該考察團之命名、組織及任務等項，
　　　　　由國防部會同內政部草擬（對外守機密）。

　　　　2.由川滇內地向康藏邊區考察，由蒙藏委員會
　　　　　酌斟情形，相機進行。

（二）內政、國防兩部應再催請行政院迅予成立滇康邊
　　　區綏靖公署，該公署範圍，應包括所需調查之
　　　中印邊區在內。

（三）在我方研究中印東段界務期間，尚未向印度正
　　　式談判界務以前，為防止印度利用情勢，再行
　　　推進，並表明我對印度現在所主張之中印東段
　　　國界線不予承認之立場起見，應先由外交部就
　　　印度官方歷年所繪地圖擴張界線之證據，及英
　　　印由阿薩密省向北實力推進之事實，向印度政
　　　府作試探性之聲述。此一方面可表示我注意康
　　　藏南境未定界之情形，使印度再行北進有所顧
　　　忌，一方面亦為未來中印談判之先著。

（四）由內政部搜集資料迅繪中印東段邊界中英對照地
　　　名詳圖，以為研究之助。西康省政府方面關於
　　　中印界務之資料，亦由該部函索。至於關於界
　　　線之意見，由有關各部會提供之。

（五）由與會人員探訪邊疆問題及史地專家，請其供給

該方面資料，並提出意見。此項採訪工作，可以通訊或親訪方式行之。

（六）出席各機關，積極據行以上各項建議，並繼續研究。有結果時，即行通知外交部，以便召開下次會議。

〈中印界務問題〉，《外交部檔案（近）》。

2. 許世英電蔣中正為據陳錫璋電稱藏印廢約劃界問題藏方對商承中央尚無表示由（1948 年 10 月 21 日）

總統蔣鈞鑒：

頃據本會駐藏辦事處處長陳錫璋電稱，查英人對藏所享特權，現印人沿襲尚未廢除之英印條約，同樣享受。再者關於藏印廢約劃界問題，職現以私人資格，敦勸藏當政與中央開誠合作，以利進行。蓋以英人素工操縱，印度對現成利益自願繼承，而西藏昧於厲害，對中央又懷二心，故職以為應將藏方把握穩定再言廢約劃界，庶免由我開啟外交門徑，而由英玩弄藏印直接談判。準於向藏方要人剴切說明進行此事，以與中央商定一致意見，作一致行動為原則，方於西藏最為有利。藏方對此尚感興趣，惟對商承中央一點，尚無表示，彼此相約在研討期間嚴守秘密，以免洩於英印，發生窒礙結果，容續電陳等情。除分報行政院並轉外交部外，理合報請鑒核。

蒙藏委員會委員長許世英叩
酉馬調機印

〈革命文獻─政治：邊務（二）〉，《蔣中正總統文物》。

3. 外交部歐洲司第一科擬「中印東段研究計畫綱要」
（1948 年 10 月 22 日）

一、固邊定界兩大步驟

（甲）實力經營：查中印東段邊界，中國康藏部分（即
　　　察隅以西至不丹邊界以東）均在藏方控制下，
　　　在中央與西藏關係未正規化前，實力經營，窒
　　　礙難行。中央決定設立滇康邊區綏靖公署，俾
　　　使對該方面進行調查等項工作。現此事正由內
　　　政部呈院催辦中。

（乙）具體研究：

（一）疆界文獻及有關資料之蒐集資料之目的，在證
　　　明：中印東段邊區原屬於我，而後經英印侵占，
　　　或現經英印侵占，但原不屬於印度。凡在清
　　　時，為清廷政治力及兵力所及之區，或當地頭
　　　人向清官表示服屬之區，均應視為中國領土。
　　　清廷兵力、政治力雖不及，但與西藏有關連（宗
　　　教的、政治的、人文的）之區，亦應視為中
　　　國領土。因西藏為中國藩屬，如認為西藏之屬
　　　地，即清廷之屬地也。

（二）實地之考察調查：

　　　（1）由我駐印大使館密派員或密委派人員借名
　　　　　往印度阿薩密省東北邊區調查該區實況。

　　　（2）由國內組織以科學考察為名之團體（人數
　　　　　不必過多），由印度或由內地前往考察。
　　　　　此項計畫已決定由國防、內政兩部草擬，
　　　　　提中印東段界務研究小組作初步討論。

二、中印東段疆界文獻資料蒐集步驟

（甲）已設立中印東段界務問題研究小組。此係研究
　　　建議機構而非執行機構，其任務係：

　　　（一）搜集有關文獻資料；

　　　（二）就所搜集資料，綜合研究，假擬我國應
　　　　　　主張之邊界線；

　　　（三）擬議有關邊界之計劃。為保守機密計，
　　　　　　小組會議紀錄經決議由外交部主管部門
　　　　　　保管，另由外交部參加小組人員，將每
　　　　　　次會議決議，密函其他機關參加人員分
　　　　　　別簽呈擬辦。

（乙）因資料搜集，極關重要，而有關資料甚少，且
　　　不易搜集，均亟應進行下列各項：

　　　（一）搜集關於中印東段邊界之中外地圖，繪
　　　　　　製中英文對照之中印東段邊界詳圖，以
　　　　　　為研究之工具。（函請蒙藏委員會及內
　　　　　　政部辦理。）

　　　（二）為欲達到一、（乙）（一）項所述之目
　　　　　　的起見，應即辦理下述各項：

　　　　　　（1）由各參加小組人員就所主管業務及
　　　　　　　　　其他方面搜集資料；

　　　　　　（2）由各參加小組人員，函請康藏問題
　　　　　　　　　研究專家、史地學者，或其他能提
　　　　　　　　　供資料之人士，供給資料。

　　　　　　（3）由本部密電飭駐印大使館及領事
　　　　　　　　　館，就印度官、私文書及圖籍中搜

　　　　　　集資料，俾明瞭英人歷年由阿薩密
　　　　　　省內向北推進之經過及英印官方地
　　　　　　圖歷年改變邊疆之事實。

三、關於外交交涉之事項

（甲）俟資料蒐集完備，我方應主張之國界線確定，
　　　再酌向印方試探交涉。

（乙）在研究期中，仍密切注意英印築路之發展，如
　　　築路事仍繼續進行，即應向印度表示我國態
　　　度，以防止藏印勾結，暗中進行修築由瓦隆至
　　　察隅、昌都之公路。

〈中印界務問題〉，《外交部檔案（近）》。

4. 行政院秘書處致外交部公函關於藏印廢約劃界問題由（1948 年 11 月 4 日）

奉交下蒙藏委員會本年十月廿一日代電以：據駐藏辦事
處處長陳錫璋電稱：「關於藏印廢約劃界問題，現以私
人資格敦勸藏當政與中央開誠合作，以利進行。職以
為：應將藏方把握穩定，再言廢約劃界，庶免由我開啟
外交門徑，而由英玩弄藏印直接談判」等語，請鑒核等
情。查關於進行廢止一九〇八年《中英修訂藏印通商章
程》，並另訂新商約各節，前據貴部呈院，業由院於本
年十月十一日以（卅七）七外字第四五一一六號指令復
准備案在卷。經陳奉諭：「交外交部並復飭洽商辦理」
等因，除由院指復外，相應抄同原電，函達查照為荷。
此致外交部。
附抄送蒙藏委員會代電一件。

秘書長李惟果

〈中印界務問題〉,《外交部檔案（近）》。

5. 外交部函復行政院秘書處關於藏印廢約劃界問題由 (1948 年 11 月 4 日)

案准貴處十一月四日（卅七）七外字第四九一七九號公
函,以奉交下蒙藏委員會本年十月廿一日代電:略以轉
據駐藏辦事處處長陳錫璋電稱:「關於藏印廢約劃界問
題,該處長曾以私人鑒核,敦勸藏方與中央開誠合作」
等語,特報請鑒核掌等情。經陳奉諭:「交外交部並復
飭洽商辦理」等由,並抄送蒙藏委員會代電一件到部。
查藏印廢約劃界問題,關係綦鉅,牽涉甚廣。本部對此
向極注意,現正就此等問題及通盤調整中印間關於西藏
之關係問題,縝密研究中。惟本部認為我國欲謀通盤調
整中印間關於西藏之關係,應先徹底調整中央與西藏間
之關係,否則藏方對於中印間之協商處處掣肘,印方亦
必與西藏聲氣相通,現中央之計畫反將無成。本部已請
蒙藏委員會就上述事項,與本部切取聯繫,並設法與西
藏當局商定一致之立場與步驟,然設再向印方提出交
涉。准函前由,相應函復,即希查照轉陳為荷。
此致行政院秘書處。

〈中印界務問題〉,《外交部檔案（近）》。

6. 行政院密致外交部代電關於廢止藏印條約有關西藏交涉事項應列陳中央統籌辦理案（1949 年 1 月 15 日）

外交部：

據本院秘書處案陳該部三十七年十一月二十七日外37
歐一字第 27549 號公函悉並據蒙藏委員會三十七年十二
月十七日及同年十二月三十一日兩代電稱，關於廢止藏
印條約有關西藏交涉事項，應列陳中央統籌辦理一案，
據駐藏辦事處電稱，本案遵經洽催，據謂奉派研究人員
已將此案與康藏劃界案一併擬具意見，送呈攝政打扎察
核，尚未批示，此或因中央專力剿共，恐無暇顧及此
事，故不甚急。窺其言外之意，似在拖延，當告以中
央剿共，並不影響政務，應本合作精神，從速決定等
語，理合轉呈鑒察等情。除復飭該會轉飭陳代處長繼
續妥洽西藏當局，對本案務與中央商定一致之立場與
步驟，再由中央向印度政府提出交涉，以期妥適外，
特電仰知照。

行政院

子刪七外

〈廢除中英關於西藏之不平等條約〉，《外交部檔案》。

7. 羅家倫密函葉公超有關印圖侵藏邊及共軍將入藏等情（1949 年 12 月 17 日）

極密。

藏情報告摘要：

一、印藏商劃界，印積極謀割取藏邊。印錫金行政官
大雅爾抵拉薩後，每日通宵會議商談印藏劃界事，

擬將門大旺、察隅及科麥三地劃入印境，正積極進行，欲於中共未入藏前，劃定邊界。蓋恐共兵入藏，印無法圖謀上述三地，現趁火打劫，奪取我領土以自固。故一面藉江孜駐兵換防機會，增加駐兵額至一千五百名，實際占領大喜馬拉雅山北界各分水嶺，名為聯合防共，暗中以武力威脅藏方就範。印認此時為擴充領土之良機，威逼利誘，期在必成，且秘密進行，以資速成。我急宜設法宣布此項陰謀，使印無成。

二、共軍進逼，藏方束手。共方觸鬚現已深入拉薩，利用蒙古喇嘛並藏族婦女為內奸，共軍正式部隊亦已逼臨昌都東北雜楚河岸，向藏方責問驅漢之罪，如大舉入藏，藏無法抗禦，可直抵拉薩。藏方民心內傾，咸知驅漢一著鑄成大錯，惶恐萬分，而印方不致觸犯中共，故圖事先攫得西藏邊境以自固，勢難以兵助藏，只想迎達賴逃印，以為傀儡，藏方之迎降者，恐為索康札薩。

本件自駐印羅大使十二月十七日致葉部長箋函中抽出。庸註。

〈中印界務問題〉，《外交部檔案（近）》。

第二章　印巴僑務、商務、黨務

第一節　僑務

1. 陳質平電外交部關於我國在印度海員數眾份子複雜分會組織不健全致串通販毒等情事（1946年1月16日）

第314號。

重慶外交部：

第393號電奉悉。查最近過加我國海員為數達一千六百餘人，因船隻缺乏，每遇有招僱時，咸爭先恐後，急欲出海為快，與戰時情形迥然不同。所報須經印度海員分會船務股股長周生介紹始能上船工作，時與事實稍有出入。依此慣例，船公司遇有招僱，我國海員上船工作時，先由船長決定需用人數，再由當地代理公司通知，俗謂行船館主持人或公司自己買辦代為辦理。過去加爾各答曾有此類行船館數間，惟年來船隻短少，業務不振，改營他業。現稍有規模者，只有周生一家，因業此多年，與船公司方面人士極有來往，故多有託其代為招僱者，每次例收佣金數目不等，而海員中亦有爭取頭目位置，俾得每月向下屬索取酬資萬分之幾，以飽私囊者。此輩或出鉅資為餌，或串通行館各行其是，事實上海員中份子亦甚複雜。印度海員分會組織不健全，負責無人，近年來曾竭力設法擬將海員招僱事務集中該會以便統一辦理，無如該會乏人主持，迄無效果。至我國海

員有串通地方官吏販毒一節，本館前曾據報已經與當地
警方負責人數度會談，設法取締。謹電呈復。

職陳質平叩

附註：條約司 939 號去電 —— 卬查復周生敲詐海員及
海員串販販毒品事。機要室註。

〈印度僑務〉，《外交部檔案》。

2. 陳質平電外交部為滯留印境撤僑交涉前往南洋船位 事（1946 年 2 月 2 日）

第 343 號。二日。

重慶外交部：

第 946 號電奉悉。在商船未恢復前，船舶不敷應用，南
洋各地撤僑之滯留印境者，為數不少，本館近向美方交
涉一萬噸美船一艘，專載我國乘客前往星加坡、港、滬
各地，該船約於二月十五日離加，可載乘客二百二十
名，外交官自可乘載。此外遇有外交官眷屬前往南洋
者，亦可設法交涉其他機位、船位，謹電奉覆。

職陳質平叩

附註：文書科946 號去電 —— 印至南洋現有無海航能
否搭女乘客由。機要室註。

〈印度僑務〉，《外交部檔案》。

3. 蔡維屏致外交部部次長代電請增撥救濟款額以便遣送旅印難僑由（1947年2月26日）

部次長鈞鑒：

關於救濟在印難僑一案，前以太平洋戰起，南洋各地僑民紛紛避難來印，救濟安置或資助遣送用款甚鉅，曾迭呈准鈞部撥匯專款救濟在案。俟後戰局穩定，來印僑民多可自謀生計，依賴救濟者漸少。惟自戰事告終以還，僑民失業者日眾，返國又苦無川資，呈請本館救濟者聚增。查本館目前保總領事君建結存救濟費印幣伍仟零六佰二十三盾三派，其間除前後奉匯印幣伍萬肆仟盾專作為在印哈薩克人維持費外，一般救濟費用迄未呈請續撥。截至職接任之時為止，本館所存救濟費款為數只有印幣貳佰九十六盾拾壹安三派，而近月來館要求救濟者日有數起，本館為免使僑民輕於申請計，凡未經切實查明確有救濟必要者，概予拒絕。惟如確屬貧困，無以餬口，竟且行乞街頭，並其鄉籍不屬於加城，現有各會館者，或臥病醫院無力繳付藥金，並無親友為助，而由醫院商請本館撥付最低限度醫藥費用者，本館不得不酌予救濟。又如本館有案，過去曾按期撥付救濟費用，而目前仍有救濟必要者，似亦難立即中斷。近准亞丁政府往返函件內允予歸還者，自應速為匯撥歸墊，以資清結。至於行政院善後救濟總署撥付此間存印物資，接收委員會為遣送難僑之額，頃業於去年十月間該會結束時解回政院。而上述各種急待救濟之案件尚多，斷非本館現存之救濟費所可應付。理合電懇鈞座賜洽有關機關先行撥匯救濟費印幣二千盾，以繼續辦理救濟及遣送事宜，並

乞鑒核示遵為禱。

職蔡維屏謹叩

〈遣送及救濟留印難僑〉，《外交部檔案》。

4. 外交部致駐加爾各答總領事館代電撥款救濟留印難僑事（1947 年 4 月 18 日）

駐加爾各答總領事館覽：

關於救濟留印難僑案，二月廿六日總字第三六〇六二七號代電悉。查所請一節經已轉請僑務委員會主管機關核辦。再現戰事結束，留印僑民為無職業者，應勸告其迅速返國，並予協助，長期救濟甚為困難。至遣送難僑辦法，經以歐 36 字第 1689 號訓令及歐 36 字第 1755 號代電飭仰遵辦在案，據呈前情，合仰遵照辦理為要。

外交部歐

〈遣送及救濟留印難僑〉，《外交部檔案》。

5. 蔡維屏電外交部擬暫時劃撥由德撤退難僑部分款項以應急用（1947 年 4 月 18 日）

第一一三號。十八日。

南京外交部：

關於呈請續撥救濟費事，本年二月二十六日總字第三六零六二七號代電計邀鈞鑒。謹查目前在印亟待救濟之難僑尚多，其中臥病醫院難僑住院費須按月付納，此亞丁政府前墊付華僑馬興中返國旅費伍佰盾，亦催索甚急。經查本館救濟由德撤退難僑款項內，尚存餘印幣一八一五盾三安十派，在救濟費未奉匯到前，可否暫時

將該款劃撥印幣一千盾以應急用。理合電請鑒核示遵。

職蔡維屏叩

〈遣送及救濟留印難僑〉，《外交部檔案》。

6. 外交部致駐加爾各答總領事館代電准由德撤退難僑餘款暫行撥墊（1947 年 5 月 1 日）

駐加爾各答總領事館覽：

關於請求撥款救濟留印難僑事，前據二月廿六日總字第三六〇六二七號代電，逕即轉請僑委會核辦，並經於四月十八日以歐字第七八七九號代電飭知在案。除再電催僑委會核辦見復，俟准復再飭知外，所擬救濟由德撤退難僑款項存餘數印幣一八一五盾三安十派，在前請救濟費未奉撥下前暫行撥墊一節，准如所擬辦理。特電仰知照，並仰遵照前電辦理為要。

外交部歐

〈遣送及救濟留印難僑〉，《外交部檔案》。

7. 駐加爾各答總領事館呈外交部呈送流亡印度難僑名單敬乞鑒核辦理（1947 年 6 月 24 日）

案奉鈞部五月十二日第九七二七號訓令內開：准善後救濟總署代電，略以：遣送東南亞各地華僑返國辦法，業經規定妥當，請從速飭屬遵辦等由，合即抄發原代電一份，令仰遵照辦理並具報等因，並附發遣送東南亞各地華僑返國辦法一份。謹查關於遣送海外難民歸國一案，因難民流動性甚大，且不時有自籌川資搭輪返國者。今年三月奉鈞部一月卅一日歐 36 字第〇一七五五電後重

加整理，並轉知尚未離加難僑填表具報，茲經陸續填報
完畢，共計四十二名，內有三十二名係因戰事關係來印
避難，而企盼遣送返回原居留地者。另有拾名流落孟
買，全因戰事關係不能航海，在印度孟買解雇，現告失
業者，業經駐孟買領事館函知香港聯總僑民遣送辦事處
辦理有案。關於三十二名難僑，亦逕由本館本年六月
十九日依照遣送辦法第二條，以總字第三六一五〇三號
代電，送請聯總駐港辦事處洽商辦理，俟獲同意後即開
始遣送事宜。理合將調查情形暨經整理就緒之難僑名
單，備文彙呈，敬乞鈞鑒，核轉辦理，實感公便。
謹呈外次長。

　　　　　　　　駐加爾各答總領事館領事暫代館務蔡維屏
〈遣送及救濟留印難僑〉，《外交部檔案》。

8. 駐加爾各答總領事館呈外交部呈報遣送難僑情形敬
乞鑒核祇遵由（1947 年 6 月 27 日）

案奉本年四月十八日鈞部歐 36 字第〇七八七九號代電
敬悉，關於留印難僑一案，囑遵照歐 36 字第一六八九
號訓令及歐 36 字第一七五五號代電辦理等因。謹查凡
受戰事影響流落印度者，均已飭知來館填表具報，並於
本年六月十九日檢同合乎聯總規定之流亡在印華僑清
表，送請聯總駐港辦事處洽商辦理，並於同月廿日以總
字第三六一五五四號呈報彙報鈞部各在案。惟有另一部分
難僑，或因此間軍火工廠停閉，突告失業，或係營業失
敗，流為乞丐，或則臥病公立醫院，無親友過問者，人
數不多，但經常有來館者，頗難一次遣送完畢。且如皆

資助遣送返國，則恐其他擬返國者，皆藉貧困為由前來
申請。是以以往本館對難僑申請救濟時，經調查屬實
後，付予二、三十盾，以暫時維持生活。其中大多尚能
依此週轉尋覓工作，或向中國街各店鋪幕化船資，搭輪
返國，如非萬不得已，不逕行資送返國。因目下返國統
艙艙位尚須一百五六十盾也。奉電前因，理合將本館調
查情形及救濟困難備文呈報。敬乞鑒核祇遵為禱。

謹呈部次長。

　　　　　　　駐加爾各答總領事館領事暫代館務蔡維屏

〈遣送及救濟留印難僑〉，《外交部檔案》。

9. 外交部致聯合國善後救濟總署中國分署代電檢送流落加爾各答亟待遣返之難僑名單電請查核辦理見復（1947 年 7 月 18 日）

善後救濟總署公鑒：

關於遣送東南亞各地華僑返國事，本年五月十二日歐字
第九七二七號代電計達。茲據駐加爾各答總領事館呈
稱：經轉據難僑陸續填報完畢，共計四十二名，內有
三十二名係因戰事關係來印避難，而亟盼遣送返回原居
留地者。另有十名流落孟買，完全因戰事關係不能航
海，在孟買被解雇，現告失業者，業經駐孟買領事館函
請香港聯總僑民遣送辦事處辦理有案。至於上項難僑
三十二名，亦已由本館於本年六月十九日，依照遣送辦
法第二條，以總字第三六一五〇三號代電，逕請聯總駐
港辦事處洽商辦理，俟獲同意後即開始遣送。理合檢同
難僑名單，呈請核轉辦理等情；並附呈名單到部。特檢

同原附名單，電請查照核辦見復為荷。

外交部歐

附件。

〈遣送及救濟留印難僑〉，《外交部檔案》。

10. 聯合國善後救濟總署中國分署致外交部代電准代電抄送流亡加爾各答待遣華僑名單電復查照由（1947年7月29日）

外交部公鑒：

貴部本年七月十八日歐 36 字第 15062 號代電暨附件敬悉。關於流亡印度加城華僑請求遣送回國一案，除抄發原名冊，電飭本署駐港僑遣代表逕洽國際難民組織籌備委員會遠東辦事處駐港分處迅予遣送並具報外，相應電復查照為荷。

善後救濟總署

滬賑僑午印

〈遣送及救濟留印難僑〉，《外交部檔案》。

11. 李渭濱電外交部為報告旅印僑胞之一般情況並陳述意見六項請鑒核示遵（1948年4月3日）

報告。

民卅七年四月三日於華僑招待所。竊僑民李渭濱被選為第一屆印度僑民國大代表，業於上月廿七日報到，並依時出席國民大會，茲便報告印度僑情如左：

（一）華僑概況：在太平洋戰爭時期，印度之加爾各答成為歐亞航空交通中樞，吾國政府機關有在

該地設立辦事處，軍政要員亦多往來其間，故
其時華僑人數激增，文化隨之而發達。但自
抗戰勝利後，政府機關多數裁撤，僑胞也紛
紛返國，而今只有華僑兩萬多人，分居於加爾
各答、孟買、德里、大吉嶺、噶倫堡、西浪、
亞三等地，僑業亦不如戰時。所幸華僑社會安
定，印回衝突對僑胞之生命財產未有損傷，各
僑民又能忠黨愛國，其精神無減戰時獻機救國
之熱烈，甚且一致擁護蔣主席完成勘亂建國大
業，期國家早登富強康樂之域。

（二）工商業情形：兩萬餘華僑中，有一部分是山東
省僑胞販賣祖國之絲綢，湖北省僑胞開鑲牙
店，少數各省僑胞則經營餐館、洗衣店、洋
雜貨鋪，然大部分廣東省僑民操鞋業或設立製
革工廠。太平洋戰爭時，各業興盛；戰後百業
蕭條，印回衝突期間幾陷停頓。現當地秩序轉
佳，而僑胞又能團結自愛，工商業始漸恢復，
其中尤以加城塔垻皮業於上月成立皮革聯營公
司，該業之兩百餘家工廠前途頗為樂觀。惟感
不利工商業者，乃中印商約尚未締訂，以致僑
胞往印度者極難獲入境簽證，即令可以獲得，
亦需時半年至一年不等。至於已在印度之僑
民，偶有不諳悉外僑居留法令，致有觸犯者即
予以驅逐出境之處分。此類僑民大部分係生長
印度，家庭在印，職業在印，被逐出境不予重
返，無異使其家庭分散，營業盡失。查太平洋

戰爭發生以前，我國僑民往印度向無任何手
續，迨太平洋戰爭爆發後，印度政府實行外僑
登記，吾國僑胞之中，以不通曉英語者居多，
致有一部分僑民迄未按期登記，被發現者視為
一九四一年以後入境，既無護照等證件，即以
非法入境論，予以驅除之處分。其次印度政府
實施進出口管制以後，國產進口限制甚嚴，除
值百收百之苛稅，且留難極久，並對由國內輸
西藏之過境貨品，如雲南之佛海茶及江浙之生
絲，竟予與普通入口之同樣待遇，致僑商損失
損重，國產外銷又受莫大影響。故懇早日訂定
中日商約，並規定據國際慣例與本平等互惠原
則，兩國人民有經商之便利、旅居之自由，其
入境申請簽證，應予以同情之考慮，而於適宜
時間內應予簽證。設非有重大罪行，不得以驅
逐或禁止入境，並如有觸犯外僑法令，應先予
警告或課予罰金，不得即予嚴屬之處分，致令
其無改過之機會。

（三）僑教狀況：印度僑民教育在太平洋戰爭時隨加
　　　爾各答地位之重要而日漸發達，現有華僑中
　　　正中學一所、小學八間，分設於加爾各答、
　　　太吉嶺、噶倫堡、孟買、亞三等地，中小學
　　　學生人數總計二千多名，師資甚為缺乏，且
　　　經費支絀，擬請政府酌予專派師資，尤懇鈞
　　　部賜予僑民教師請領出國護照之便利，並乞
　　　政府補助經費。

（四）中印文化關係：中印之間原保有悠久之文化關
　　　係，太平洋戰爭發生前後，蔣主席與戴院長之
　　　訪印，泰戈爾與尼赫魯之赴華，中國學院與中
　　　印文化學會之創設，中印文化更放一異彩。去
　　　歲印度改為自治領後，中印對整個亞洲占重要
　　　地位，彼此使節之交換增進邦交，尚有文化教
　　　育與宣傳力量之不可缺少者。蓋印度在英人
　　　統治多年，無論教育方針與新聞報導，均未能
　　　收我國實情供之印度民眾，尤以印度之最大新
　　　聞報紙與英國之路透社記者壟斷遠東新聞，對
　　　於吾國消息之報導往往歪曲事實。戰時有我國
　　　宣傳處辦事處之設，駁斥其荒謬之言，收效甚
　　　大。今該處撤銷，而僅有兩間中文報館，一為
　　　黨辦之《印度日報》，一是私營之《中國日
　　　報》，兩報館之經費又甚支絀，期政府多給補
　　　助，或希增設英文報館，廣辦宣傳機構，且中
　　　印交換教授學生應作有計劃之擴大辦理，多派
　　　各部專門人才，則有利僑胞、有益中印邦交。

（五）僑匯問題：僑匯素占國家財政之重要部分，今
　　　國家經濟動搖，財政收支差額甚大，若只仰賴
　　　不可靠之外援以求解救之方，不如加強僑匯之
　　　爭取。查近來黑市匯率暴跌，僑鄉治安不良，
　　　歸國僑民或其眷屬每遭擄劫，以致擬集資歸國
　　　建設者既趑趄不前，接濟眷屬亦為之因噎廢
　　　食，僑匯無形絕跡，影響國家民族甚大，為補
　　　救其損失計，擬具辦法如左：

（甲）速於各省僑鄉如廣東省之東江、西江之四會，福建之閩南，浙江之寧波，山東之昌邑，湖北之天門等地，定為綏靖重點，責成各該省當局限期完成清匪工作，安定社會。

（乙）設法使僑匯保持其原幣價值，免受目前貨幣貶值之影響，並指定銀行簡化僑匯之手續，並改善輸入管制，准許僑民自由輸入工廠原料及機器，鼓勵華僑投資國內各項建設，充分吸收僑資。

（丙）即以原幣或按當時之國幣與外幣比率折合計算償還華僑在戰時在海外購買之節約建國儲蓄券，以維國家信用，亦即爭取華僑投資之信心。此因在抗戰勝利後，僑業不景氣，所有購買該券者向中、交兩行兌換原款，均被拒絕給付，如是僑胞咸有以為政府失信，若以原幣收本利償還，則免僑胞損失，始無影響政府今後再向海外捐募或推銷債券。

（六）懇請真除蔡代總領事維屏：太平洋戰爭期間，蔡維屏領事服務於加爾各答總領事館，成績頗佳。勝利後，陳總領事質平他調，後由蔡領事代理其職，即協助解決塔坝僑民組織皮革聯營公司，挽救華僑工商業危機，專心僑務不遺餘力。且其諳熟僑情，內外俱宜，故全印各僑團首長暨全體僑胞一致要求真除蔡代總領事，以

其在印服務三年有餘之久及僑情之洽，並本政
府選賢與能之旨，敢乞從速核准，便其安心服
務，以利僑民。

上陳各點，敬乞在國民大會開幕前，分條指示，以便返
印後據實向僑胞報告，藉慰僑望，實為公便。

謹呈國民政府外交部部長王、副部長葉。

印度僑民國大代表李渭濱謹呈

〈國大代表李渭濱請改善印度僑務及僑民拘留期限〉，《外
交部檔案》。

12. 外交部致僑務委員會代電為李渭濱陳述印度僑況改
進意見各節辦理情形（1948 年 5 月 11 日）

僑務委員會公鑒：

關於李渭濱報告印度華僑狀況事，四月卅日僑管移
44170 號代電及附件均敬悉。查四月三日李代表渭濱呈
部報告乙件，案同前由，當經將原報告第三項有關僑教
問題，送請貴會核辦。第四項有關中印教育文化事項，
抄轉教育部及新聞局辦理。第五項有關僑匯部分，錄送
財政部酌辦。至關於締結中印商約及升蔡維屏為駐加爾
各答總領事館總領事各節，本部辦理情形，業經逕復李
代表矣。准電前由特復，請查照。

外交部歐

〈國大代表李渭濱請改善印度僑務及僑民拘留期限〉，《外
交部檔案》。

13. 李渭濱函王世杰陳報印度政府成立僅及一年歧視苛待外僑限制再入境與居留期限等情（1948 年 8 月 19 日）

敬啟者：

晚自大會閉幕重返印度途次華南各地觀光情況及抵印後僑胞動態，分呈於左：

（一）香港為華南重鎮，商業之發達，市場之繁榮，惜乎藏垢納汙，所有共產黨、民盟及失意軍人政客都聚集該地，尤以游資逃避，經營黑市匯兌業大有其人。若不提早與英方締約，徹底根除，對於國計民生貽禍至鉅。

（二）印度僑胞一般的青年，自馬來亞派來參加印度開亞洲共產黨會議，所帶來張貼漫畫標語，詆毀元首，破壞國家行政，種種惡意捏造事實，無所不言，因此引誘青年，並散發反動宣傳。幸賴老僑領一向團結，領導有力，不然如同仰光、馬來亞複雜情景於一轍，更不堪設想。

（三）印度政府成立僅及一年，對於外僑不特歧視，而且苛待難堪，不管因公離印或回國，抑因商務到各地，返印後僅限居留六個月或一年期滿之後，必須重行申請批准，繼續居留極成問題。晚出席國大回來，亦不能例外，僅許居留六個月，業經將情呈報駐印大使館據理交涉。查此項苛例，為世界各國僑居規律之所無，我政府若不及時注意，向駐華印度大使館抗議取消，倘此例施行，將來華僑居留尤更難堪。

（四）印度華僑中小學師資缺乏，前已呈報，奉教育部批示，各僑校需教員開具名額若干，及擔任哪種課程，由該部介派，並來回程旅費，由教部撥給，每月薪金由僑校負擔。但是印度政府限制入境甚嚴，申請時間須半年，批准與否實難可靠。除非由僑委會、教育部、外交部聯合與駐華印度大使館商妥，確實允許如期抵達印度，到各僑校授課，否則舊教員除去新教員不能及時趕到，使各僑校似無形中停辦，學子輟學受害之大。

（五）懇請真除蔡代總領事維屏，已蒙鈞部批示注意業已多時，仍無發表。上呈要求係出於各僑團首長暨僑胞公意，且客歲夏羅大使抵印履新，全僑開會歡迎，由各僑團聯署，呈請部長核准。該呈文是否送達，對於蔡本人在館三年餘所有政績，均經呈報，恕未重申。本年春間，由蔡領導發起印度僑校經費勸募委員會，僅兩月共籌有伍萬餘盾，分配補助各僑校，實惠甚為得力，尤以對僑情之融洽，理應本政府選賢與能，敬請從速核准，使其安心加倍努力工作，以慰僑望。

右呈各點，理合備文呈奉鈞座鑒核，是否有當，敬希指示祇遵，實為公便。

謹上中央外交部長王。

印度僑民國大代表李渭濱叩

〈國大代表李渭濱請改善印度僑務及僑民拘留期限〉，《外

交部檔案》。

14. 外交部致僑務委員會代電關於改善旅印僑胞入境及居留期之限制及締結中印商約事（1948 年 9 月 30 日）

僑務委員會公鑒：

關於印政府限制華僑入境事，本年申筱 37 管移字第 03777 號代電誦悉。查締訂中印商約事，本部前經擬就約稿，邀請貴會及有關部會共同審查，並於呈准行政院核定後，遞送印度駐華大使館，原稿內關於僑民入境、居住、經商及從事各種職業等問題，均有適當之規定。至改善旅印僑胞入境及居留期之限制事，業經本部於本年九月十一日電駐印大使館，飭查明詳情，切實交涉具報各在案。除俟據復再行轉達外，相應先行電復查照。

外交部歐

〈國大代表李渭濱請改善印度僑務及僑民拘留期限〉，《外交部檔案》。

15. 駐印度大使館致外交部快郵代電為關於令飭蒐集華僑在各居留國所受待遇之各項資料事謹收有關資料一併寄呈由（1948 年 12 月 20 日）

外交部鈞鑒：

關於蒐集華僑在各居留國所受待遇之各項資料事，三十七年七月二十八日外37 歐四字第一七七五五號及同年八月三十一日外37 歐四字第二○四七一號前後兩代電均經奉悉，遵經向印度政府索取此項資料，並令飭

駐印各領事館分別調查去後，頃准印度政府外事部函送
資料到館，並據駐加爾各答總領事館呈復，理合檢呈：
（一）印度一九二二年通過之移民法案；
（二）一九二三年通過之移民規章；
（三）一九四三年通過之印非互惠法案；
（四）一九二〇及一九二一年頒布之護照法案與規則
　　　各三份，
並抄同駐加爾各答總領事館代電一件，電請鑒察分別存
轉為禱。

　　　　　　　　　　　　　　駐印度大使館
附件如文。

駐加爾各答總領事館卅七年十月廿九日總字第372621
號代電抄件
駐印度大使館鈞鑒：
關於飭查海外僑胞在各居留國最近所受待遇情形，並蒐
集有關各項資料事，鈞館本年十月廿三日印使37字第
三五二八號代電奉悉，自應遵辦。謹查：
（一）印度對於華僑入境擬依照法定手續辦理，由申
　　　請人在印親友或關係人負責擔保其人在印之生
　　　活費，用於必要時，並負責遣送返國，並由擔
　　　保人親自在法院簽具擔保書，當地省政府管理
　　　外僑機關實施調查後，轉呈印度政府內務部核
　　　辦，俟批准予來印簽證後，始可入境。如居住
　　　印度華僑如短期離印再返印度時，可於行前向
　　　各當地省政府申請「不反對回印」簽證，凡持

有該項簽證之華僑離印後，如再返印度即可持
以向所在地英印使領館，立即取得正式來印簽
證。如原居印度華僑離印前來曾取得不反對回
印簽證，再返印度申請簽證時，以新來印度華
僑論，此種規定均係通用於一般外僑，並無專
為華僑特設之條例；

（二）華僑在印居留，一般情形如係在一九四三年以
前來印者，如來印時並未明白設定居留期限
者，可長期居住，但一經離境並重返印度時，
視為一九四三年以後來印之華僑看待，一律先
僅准居留一年以後，每年期滿時再申請展期，
展期居留之期間，亦以一年為限，因此發生莫
大不便。雖可申請展期，非徒手續麻煩，且使
華僑心理不安；

（三）華僑在印經商旅行、置產、民刑訴訟以暨其他
活動，在法律上並無特殊限制或歧視之處，與
其他國僑民均享有同樣待遇；

（四）關於以上三項應行交涉改善之具體建議，謹臚
陳如次：

　　（甲）華僑申請來印入境因手續麻煩，且因當
地政府積壓，往往申請入境須等候至
六、七個月後，始獲核准者。似應向印
度政府交涉，凡申請人申請入境手續已
經完備者，應儘速辦理，以免申請人因
等候簽證而遭受不便；

　　（乙）關於華僑在印居留之規定，印度政府對

於自一九四三年以後來印之華僑，原則
上僅能居住一年，期滿須申請延展，因
此種規定，影響久居印度之華僑甚鉅，
因彼等如始終不離印度，尚無問題，一
經離印再度返印時，即視為一九四三年
來印之外僑，而只能居留一年，即不能
再享受之長期居留權制也。

以是，似可向印度政府交涉，凡在一九四三年以前長久
居印、有正當營業或家眷者，離印後再來時，應給予以
長期居留之權利。如有困難，亦應給予彼等三年或五年
之簽證，庶免近萬數僑胞每年一度之申請展期手續也。
理合檢附印度管理外僑入境、出境、居留等法規四項，
隨電附奉，敬祈鑒察為禱。

駐加爾各答總領事館叩

〈各地華僑待遇資料〉，《外交部檔案》。

16. 外交部致僑務委員會代電為關於李渭濱請向印度當地政府制止反動宣傳事（1949 年 1 月 10 日）

僑務委員會公鑒：
關於華僑國大代表李渭濱請向印度政府交涉改善返印華
僑居留待遇，並洽當地政府制止反動宣傳事。當經本部
於三十七年九月十一日電駐印大使館，飭查明詳情，切
實交涉具報去後。茲據該館三十七年十月二十六日印使
37 字第三五四八號電復稱：關於國大代表李渭濱函呈
華僑不良份子散發反動宣傳一節，經轉飭加、孟兩館密
查實情，並設法防止。據孟買領館復稱：謹查加城日前

所謂共產黨宣傳資料，實係民盟報章。該項報章自香港
寄達，由此間鞋商章火義逕收。章君乃廣州時事論壇主
編、中山大學教授章導之長兄，導曾一度因言論過激，
遭政府拘捕，獲釋後即潛居香港，遂以是類報章雜誌，
經常寄送此間作反政府宣傳。本館數度召章火義來館嚴
加申斥，並予以警告，同時與此間總支部切實合作，凡
見有是類宣傳品，即加以焚毀。嗣後除嚴加注意與防範
外，謹先呈復等情。除交涉印方對我華僑苛例事，另行
呈復外，謹電呈復，敬祈鑒察等情，相應電復查照。

外交部歐

〈國大代表李渭濱請改善印度僑務及僑民拘留期限〉，《外
交部檔案》。

17. 駐印度大使館致外交部代電為關於印度安達曼及尼科巴二島我國難僑救濟費及遣送事由（1949 年 5 月 24 日）

外交部鈞鑒：

關於印度安達曼及尼科巴二島我國難僑救濟費及遣
送事，三十八年二月十一日印使字第一八九號代電
暨附件計達。頃續准印度政府外事部五月十六日節
略，以華僑十三人業經遣送至蘇門答臘，計用去印幣
一千八百七十八盾八安，新嘉坡幣五百三十二元五角，
茲檢附清單，即希與香港國際難民組織接洽歸墊。至從
安達曼島至馬特拉斯輸送費用，尚不知悉，容後查明續
告。又該僑等救濟費印幣三千五百十五盾十三安，何日
方可歸還，請即見示等語。查此款經我政府核准歸還瞬

將二載，送准印方函催。經本館轉呈在案，但至今迄未
奉到，准略前由。理合抄同來文及附件，電請鑒核。懇
迅賜撥匯，以便轉送歸墊，而全信用為感。

　　　　　　　　　　　　　　　　駐印度大使館
附一件。

〈印度僑務〉，《外交部檔案》。

18. 駐加爾各答總領事館呈外交部呈送旅印華僑須知手冊敬祈鑒核由（1949 年 6 月 18 日）

竊查印度政府對管理外僑法令甚為繁複，工商業之管制
辦法亦時有更改，致使僑胞於居留及經商方面時感困
難。茲為便利並協助彼等辦理各項手續及了解各項法令
起見，特編就「旅印華僑須知」手冊乙本，將入境居留
及經商等有關法令及手續分節闡述，以資僑胞之參考應
用。現該冊業已印就，除就地分發各僑團外，理合檢同
該手冊五本備文呈奉，敬祈鑒核為禱。
謹呈外交部。

　　　　　　　駐加爾各答總領事館領事代領館務蔡維屏叩
附件：駐加爾各答總領事館編「旅印華僑須知」。羅
家倫署。加爾各答中國日報承印。駐加爾各答總領事
館贈。

旅印華僑須知
目錄
導言
第一節　關於一般事項者

第七節　經商

　　　　甲、開設公司行號登記手續

　　　　乙、租賃房屋應注意事項

　　　　丙、合股營業應注意事項

　　　　丁、採購貨品車輛應注意事項

　　　　戊、申請領事貨單簽證手續

　　　　己、設立工廠應注意事項

　　　　庚、繳納所得稅應注意事項

第八節　海員簽約上船及解僱

　　　　甲、簽約

　　　　乙、解雇入境

　　　　丙、其他應注意事項

第九節　僑團組織應注意事項

第十節　呈請交涉或調處糾紛應注意事項

第十一節　存款匯款手續

第十二節　其他

附錄一　旅印華僑概況

附錄二　有關中印機構地址及電話號碼表

〈印度僑務〉，《外交部檔案》。

19. 外交部致僑務委員會代電檢送旅印華僑須知手冊請查照參考由（1949 年 7 月 7 日）

僑務委員會公鑒：

茲據駐加爾各答總領事館卅八年六月十八日呈送該館編印之「旅印華僑須知」到部，請鑒核等情；相應檢同原手冊一本電請參考為荷。

外交部歐

附件。

〈印度僑務〉，《外交部檔案》。

第二節　商務

1. 蔡維屏致外交部部次長代電為印方願與我國專訂商約事（1947 年 2 月 23 日）

部次長鈞鑒：

二月十三日由駐印大使館轉下特急電，以印方願與我國專訂友好通商條約，囑將印度對於外人待遇、航海通商等項，有無現行法規，並就印度與我國之特殊關係，擬具報告，儘旬日內報核等由。奉此查印度對於外人待遇之規定，散見於政府法令之中，極其簡扼，亦尚無歧視華人之處。至於通商航海方面，因除對英政府曾締結商約外，對美、法等國迄未有何文字上之規定。因就中印通商及華人入境居留兩點，擬具說明及意見，並購得一九三九年英印間商約備忘錄乙冊，隨電呈奉，敬乞鑒核為禱。

職蔡維屏謹叩

機密。

締結中印商約意見

說明：

中印間貿易總值並不甚大，據我國海關報告，三十五年一至十一月，我自印輸入占輸入總值百分之八・六九，同期內對印輸出占輸出總值百分之六・二三。據印度海關報告，在三十五年四至五月內，我對印輸出占印度輸入總值百分之一・五，我自印輸入占印度出口總值百分之八，其原因為：

（一）我國與印度之出口物資同限於少數特產，印度出口以蔴棉、茶葉、子仁、皮革、生膠為大宗。據統計一九四四至一九四五年出口製品總值十一萬萬盾，但除去綿蔴製品外，僅值一萬萬盾，其出口貿易之依賴少數特產有如是者，我國出口物資亦以絲、茶、桐油等少數農業產品為大宗，故雙方可供交換物品範圍，過於窄狹。

（二）中印可供出口及仰給進口之產品大體相同，印度鐵、鋼事業雖較發達，暫時且擴展甚速，但所產仍不足以供國內之需求，每年仍須自國外輸入機器、鋼鐵等項，以應建立並發展工業之需要，中印同為世界食糧重要生產國家，但皆年須輸入糧食，以補不足，故無可交換者。出口方面，印度與中國皆有大量之茶葉、皮革輸出，我國出口桐油、花生油，印度亦以亞蔴仔及花生為重要出口物資。

中印間貿易限於極少數物品，由於前節所述，中印間可供交換之物品極少，因此目下印度輸華物品中以蔴及蔴製品，占最重要地位，去年印度棉布輸華一度數字甚大，但係一時特殊現象。現中國對棉布進口、印度對棉布出口均加統制，今後將定漸縮減。其次為棉花尚占較重要地位，他如皮革、檀香木、染料、生膠均屬有限，我國輸印物品以生絲、絲織品為主，印政府及民間均有殷切需要，輸印茶葉十九係轉輸北菲、中東及西藏者，對印境內並無市場。

今後中印貿易發展之可能性，依目前情形而論，中印間今後貿易有促進可能，但難望有重大進展，生絲方面，我國之足以供外銷者，其產量一時不易大量增加，且受成本過高影響，印銷有限制，何況就外匯立場言，恐如產量增加，亦將以美銷為主。且目下印度正在竭力於人造絲之生產，其產量尚容探詢，棉花、棉布方面印工商界甚盼今後能加強紡織業之生產量以棉布為今後輸出遠東各地之大宗，代替日本戰前之市場，我國華北、華中棉花之種植面積，不難於數年內恢復戰前數字，加以東南一帶紡織事業復興後，棉布及棉花應可自足，故印棉銷華可能性甚少。但據調查並據數月來與印商接觸所獲，深覺印人對我國桐油需要漸增，以為油漆原料，其次對我國樟腦且有特殊需要，戰前印度年自日本及臺灣大量購進，今後如臺灣產量能逐漸恢復，並減低成本，必可獲得印度市場。印度地多潮濕，樟腦有普遍需求，戰前臺灣來源斷絕，人造樟腦乃起而代之，目前人造樟腦之價格較臺產天然樟腦廉二分之一以上，其次印度對於國產百貨，亦有普遍需要，如織針、內衣、手巾、手電筒、熱水瓶、雨傘、花邊等，雖非大宗製品，但其市場實有值注意之價值。蓋戰前此類物品大半係由日本供應也。至於印度對華輸出，除棉布、棉花情形已如上述外，蔴製品最具希望，惟目前世界各國皆有殷切需要，印政府乃採出口管制制產，致我國購買外，極為困難。其次印度五金零件及廢鐵等，一時雖尚不許出口，今後或有少量輸出，可能價值遠較美國為廉。其他如生膠等皆屬特產物品，我國無普遍之需要。

我國幣制與今後之中印貿易，關係極為密切。目下國內物價工資均甚高，因此出口物資成本亦昂，在此種情形下，對印輸出，不易有所進展，惟此係我國想謀對外貿易上問題之一，非僅僅於中印間之貿易為然也。

意見：

（一）由於前節說明可是中印間貿易在印度對外貿易上並不占特殊重要地位，印方之所以要求訂立者，政治之作用可能較經濟之作用為大，蓋藉此與列強發生條約關係，以顯示其國家之獨立性，並提高其國際地位。目下印籍人士對加強中印邦交有普遍之要求，是以就印政府立場而言，最盼能迅速順利完成中印商約，以滿足國內人士之願望，並藉以促成對其他國家同性質條約之締訂，據悉印美商約亦已在商訂之中。

（二）目前我國對印製蔴袋，需要甚大。今後農產出口擴大時，需要尤為殷切。惟印政府以各國皆有需要，乃施行出口管制，規定供應我國數額甚小，我國中央信託局本年向印政府洽請數雖迄未獲准，故於締訂商約時似可商請印方增加對華輸出數量，並給予政府採購權利，因如由印商輾轉購運價格懸殊，損失殊重也。

（三）今後我國輸印物品中，恐仍將以生絲及絲織品為主，似應對生絲入口課稅方面要求優惠待遇，如印政府因目前特殊需要，希望我國供應，似可提出以蔴製品優先供應為交換條件。

（四）桐油、樟腦及百貨將於未來對印輸出貨品

中，占相當重要地位，似亦可要求優惠之關
稅待遇。

（五）我國輸西藏貨品皆須由印度過境，宜於條約中
規定免稅及過境手續一簡單化辦法。

（六）國人來印居留簽證極為困難，影響華僑業務至
鉅，僑胞創設木工工廠、皮廠、餐館、洗染
店，往往因夥友返國後不能重來印度而縮小其
業務，或被迫轉雇印人，但雇印人後又苦於其
無理之要求及罷工、怠工等情事，損失亦大，
此外在印經商僑胞為數雖不甚眾，但亦嘗因居
留問題，便營業脫節。故於此次締訂商約時，
似可注入商人入境及居留條款，要求印方給予
便利。

（七）少數在印僑胞印方常以不充足理由，遣送出
境，最近大吉嶺中華小學校校長及加城國民黨
總支部書記長均已發生居留問題，現在請大使
館交涉中，印方似因彼等任黨務工作，而引起
注意，實際上上述二人並無任何越軌行動，此
點似可與前項入境問題合併一條款，俾在印僑
胞獲得切實保障。

〈中印（印度）商約〉，《外交部檔案（近）》。

2. 歐洲司關於印政府徵用大華公司存放鍋爐印政府禁止絲織品進口及向印度政府洽購生蔴蔴袋等備忘錄（1947 年 9 月 24 日）

一、關於大華公司存放鍋爐被徵用案：大華紡織股份有限公司存放印度鍋爐一座，於一九四二年被印度政府徵用，印政府同意於戰事結束後，償還該公司同式鍋爐一座，至今印政府迄未兌現諾言，或另予補償。駐加爾各答總領事館迭向印政府供應部交涉無效，已將本案呈報駐印大使館。同時本部亦於本年八月初八以歐字第一六四八九號代電囑駐印大使館向印政府交涉，早予發還，惟據覆稱，兩次照會印政府，均未獲覆。

二、關於印政府禁止絲織品進口事：七月廿七日來電經轉咨經濟部，准覆稱：印政府對於絲織品進口採取上述措施，我國原則上無法反對，惟下列諸點似可提出交涉：

（一）生絲絲線及絲繩之輸入應不在限額範圍之內；

（二）絲織品之限額內應予天然絲之織物以優先輸入權；

（三）絲織品之界限應不包野蠶絲織物及絲繡貨在內。

又本年我國絲織品輸印情形據上海絲織品產銷聯營公司報告，本年五月至七月已有八萬匹運銷印度，準此估計本年輸印絲織品至少在三十萬匹（合一千五百萬碼或約二十萬公斤），附供參考。一、

印海關公布禁止絲織品進口詳細辦法，希蒐集一份
送部參考。二、來電所稱：「絲織品含絲或人造絲
百分之十以下可以進口外，其餘一律禁止進口」一
節，電文是否有誤，希查明。上列各節本部經於本
年八月廿六日以令 36 字第一七七九八號代電囑駐
印大使館遵照辦理，尚未具復。

三、關於向印度政府洽購生蔴及蔴袋事：中國紡織建設
　　公司所購印蔴未運部分，印政府限九月底前運完，
　　不再延期，本部已於九月三日函催經濟部。准中央
　　信託局九月廿三日電稱：查我各機關所需蔴袋及生
　　蔴統奉令由本局統籌辦理，則此項出口證似應洽由
　　印度政府發交，本局俾可及早在印著手購運。自本
　　年度下半年至明年度上半年印方配與我方之生蔴壹
　　萬貳仟噸及蔴類製成品貳萬伍仟噸。除已逕函印度
　　大使館並另電我駐印羅大使請速洽辦外，仍請大部
　　轉達印政府發照辦理。至中紡公司未運出之噸量，
　　已電該機關從速在九月底限期前在印運出。

四、關於西藏擬派謝高巴赴印購運前向英方所購軍火
　　案：密。奉主席九月念日代電開：據報西藏於本年
　　五、六月間，曾派謝高巴赴印向英國購買軍火，自
　　英國退出印度後，印政府制止將該批軍火運往西
　　藏，現藏方有派謝高巴赴印交涉起運該批軍火之舉
　　等情，希轉駐印大使館查明，如屬實情，應趁機交
　　涉制止具報等因。查一八九三年中英會議藏印條款
　　第三款規定：各項軍火器械、鹽、酒、各項麻醉藥
　　品，或禁止進口，或特定專章，兩國各隨其便。印

度政府雖無絕對禁止出口之義務，但中國政府仍有
禁止入口之權利，中國政府現時對於軍用品之進口
與出口，均須經中央核准，凡未經核准者概以私運
論罪。本案若希即就近密查，如屬實情，希商請印
度政府設法制止，並將辦理情形具報為要！

五、關於駐印大使館墊付華僑 KARIM 之生活費案：本
　　年八月八日印使 36 第○○九八五號代電案，本司
　　與會計處已簽請在另款項下撥付，候批准後，即可
　　匯印歸墊。

歐洲司第一科

九月廿五日

〈向印度政府洽購麻類等〉，《外交部檔案》。

3. 葉公超、梅農為議訂中印商約問題談話紀錄（1947 年 10 月 14 日）

葉次長邀見印度大使談話紀錄

（1）葉次長：

關於議訂中印商約問題，印度政府前曾表示異常重視，
中國政府亦具同感。茲已擬就約稿乙種，擬請貴國政府
賜予考慮並惠示卓見。本稿係屬初步草案，本部將來或
將另有若干修增部分提出。本人甚盼本約得能早日進行
談判，正式簽訂，俾使中印兩國之友好及商務關係，更
得增強。

茲有擬請注意者，本稿第廿九條規定，雙方應儘速進
行談判締結關於邊界之協定，及第卅條規定，關於中
國國民由西藏進入印度及西藏與印度間之邊界貿易事

項之現行慣例，不受本約規定之影響，良以中印兩國邊界相接，因此發生之問題，尚有待於兩國間另行商談與解決也。

至於中國政府與英國政府對於英國人民居留西藏問題締結之若干專約，自英國放棄在華各項特權及印度政府獨立以後，已有統盤重予檢討之必要。現欲向閣下提出一案，即一九○八年中英曾修訂藏印通商章程，依據規定，明年四月廿日即屆更改之期，中國政府屆時擬與英國或貴國政府進行討論，予以修改。按該章程之規定，每十年任一方得於滿期前六個月內提請修改。貴政府現是否已承繼所有英印時代之條約關係及立約權。又貴國憲法大約何時可以實行，並希示知。貴國所處地位，現為一過度之 Dominion Status，而中國當時簽約係以英國政府為對象，事實上不得不先通知英方，但以中印關係之密切，願先面告閣下，如貴國已承繼此種交涉及簽約權，盼能使英國政府正式通知中國政府。今年春天本人赴新德里參加泛亞洲會議時，曾與尼赫魯先生談及印藏問題，承尼赫魯先生面告，此後印度對於印藏各項問題，必將先與中國政府接洽，此項盛意與卓見，實深感佩。外交部亦曾以此點報告政府。中國甚盼尼赫魯先生之言能見諸實行。本人今日手遞閣下之約稿，一旦訂立，在中國方面當適用於中國全境，包括西藏在內，印度政府當亦能了解也。

（2）印度大使：

（一）閣下所言中印友誼關係，本人深有同感。

據本人所知，印度政府已承繼英印時代所

　　　　　　締結之各項外交關係及義務，但本人將報
　　　　　　告政府請其予中國政府以明確之通知。

（二）印度行憲約在明春三月間，大致不至發生
　　　問題。

（三）關於一九○八年之通商章程，本人當加以
　　　研究並通知政府。

（四）本人能得中印商約草稿，甚為感謝。

（五）此稿可否出示 Chamber of Princes？因該團
　　　體為甚有勢力之組織。

（3）葉次長：

在保守機密條件之下，此稿是否應出示 Chamber of
Princes，當由貴政府自行決定之。

〈廢除中英關於西藏之不平等條約〉，《外交部檔案》。

4. 外交部呈行政院為將議訂中印友好通商航海條約案辦理經過呈報鑒核備查由（1947 年 10 月 24 日）

關於議訂中印友好通商航海條約案，前經本部擬具約稿
呈奉鈞院。本年五月十二日總辰字第一七八九一號指
令，飭與有關機關商後，准予提向印方談判，仍於談
判就緒時，再行呈院核定，然後簽訂等因。經於五月
十七日召集內政、財政、經濟、教育、交通、地政、社
會、司法行政八部，新聞局、僑務委員會及中央海外部
舉行會商，各部會局對本部約稿認為妥善，惟決定將原
第廿九條文字略予整理，分列兩條如下：

Article 29 The High Contracting Parties will as soon as
possible enter into negotiations for the conclusion of an

agreement for the delineation of frontiers between China and India.

Article 30 Nothing in the present Treaty shall be construed to affect the existing practices concerning entry of Chinese nationals into India form Tibet and other matters relating to frontier traffic between Tibet and India.

並以我國領土與印度接壤者尚有新疆、西康、雲南三省，關於該三省與印度間之邊境貿易及出入境有無特殊辦法，應在商約內予以保留者，應先請該三省政府查復後再行核辦。當經本部分電該三省政府查復去後，茲已先後接准西北行轅及西康、雲南兩省政府答覆，均無特殊辦法，應於約中提出保留。故除上述原第廿九條之修訂外，原約稿並無其他變動之處。茲已遵另將修正約稿提交印度駐華大使館轉送該國政府考慮見復，除俟談判進行就緒時，再行呈請核示外，理合將上述辦理經過，呈報鑒核備案。

謹呈行政院。

外交部部長王世杰

〈中印（印度）商約〉，《外交部檔案（近）》。

5. 外交部致印度駐華大使館照會為照送中印友好通商航海條約草案（1947 年 10 月 24 日）

照會。

查經黎吉生先生簽署之中華民國三十二年一月十一日締訂並於同年五月二十日互換批准書及生效之中英關於取消在華治外法權及其有關特權條約第八條規定：締約雙

方經一方之請求，或於現在抵抗共同敵國之戰事停止後
至遲六個月內，進行談判，簽訂現代廣泛之友好通商航
海設領條約。

茲為履行上述規定，並願加強中印兩國間之友好關係與
促進兩國間之通商貿易起見，中國政府縣擬即與印度政
府進行談判，商訂兩國間之友好通商航海條約，本政務
次長代理部務謹將此意奉達，除已由本部葉次長於本月
十四日將中印友好通商航海條約草案壹份，面達貴大使
館，茲並另將該草案壹份隨照送請查照轉陳印度政府賜
予考慮，並惠示卓見，以便及早開始此項談判。

本政務次長代理部務並願申述，中國政府對此草案，此
後或將補行提出若干修正意見。

本政務次長代理部務順向貴大使重表敬意。

此致印度駐華特命全權大使梅農閣下。

劉次長簽署

中華民國三十六年十月於南京

〈中印（印度）商約〉，《外交部檔案（近）》。

6. 陳誠致王世杰代電為印商拜益艾拉力訪麥斯武德洽
商印度新疆貿易並擬乘機來京事（1948 年 5 月 5 日）

一、據報印度商人拜益艾拉力由新疆喀什抵迪化謁麥主
　　席，商洽印新貿易事宜。據悉麥主席擬以莎車、和
　　闐兩區羊毛、棉、花生、絲，與印開始貿易，僅換
　　現金不換其他貨物。

二、現該商擬由迪飛京，正在候機中。

三、除抄送經濟部外，特請參考。

　　　　　　　　　　　　　　　參謀總長陳誠

〈印商 Beharilal（拜益艾拉力）洽商印度新疆貿易〉，《外
交部檔案》。

7. 何應欽致王世杰代電為電復查詢印商拜益艾拉力原名及其與麥斯武德談判實情由（1948 年 6 月 23 日）

一、本年六月十八日外 37 歐一 144430 號代電敬悉。

二、印商拜益艾拉力原名 BEHARILAL，係印度
　　 SHADILAL DWARKANATH 公司代表，經營百
　　 貨，信譽甚著。

三、該商與麥主席談判實情，已轉飭詳查。

　　　　　　　　　　　　　　　部長何應欽

〈印商 Beharilal（拜益艾拉力）洽商印度新疆貿易〉，《外
交部檔案》。

8. 工商部致外交部代電為電復印商拜益艾拉力與麥斯武德洽商印新貿易由（1948 年 7 月 13 日）

外交部公鑒：

關於印商拜益艾拉力與新疆麥主席洽商印新貿易一
案，准貴部本年六月十八日外37 歐一字第一四三〇
號代電敬悉，已分別電西北行轅暨新疆省政府調查。
至該印商即擬來京，囑由本部逕與洽商一節，自可照
辦。該商行蹤尚悉隨時見告，以利進行。又本案應否
由貴部轉飭駐新外交特派員詳為調查具報見復之處，
仍希酌奪為核。

　　　　　　　　　　　　　　　工商部

國元印

〈印商 Beharilal（拜益艾拉力）洽商印度新疆貿易〉，《外
交部檔案》。

9. 羅家倫電王世杰有關中央銀行俞鴻鈞電請邀巴基斯坦商務考察團來華商洽以餘棉易換紡織品事（1948年8月1日）

第 346 號。1 日。急。

南京外交部王部長：

中央銀行俞總裁鴻鈞電稱，巴基斯坦餘棉三十萬包擬換
日本紡織品，將派商務考察團赴日，請邀其赴日前先行
來華。頃派員訪巴專員，態度頗佳，據稱餘棉事中國前
次要求交換，已電該國政府，復到即告。邀請考察團
事，彼希望我有書面表示。愚見如二均確，則可半官方
式商請。究竟如何，乞電示。

家倫

〈巴基斯坦商務代表團將來華洽商易棉〉，《外交部檔案》。

10. 羅家倫密電外交部並轉俞鴻鈞為巴基斯坦高級專員有關棉花配額復文（1948年10月13日）

第 397 號。13 日。急。

南京外交部：

密。並轉俞總裁鴻鈞。巴基斯坦高級專員復文大意，巴
本年棉花出口各國配額尚未定，今年棉區水災，除履行
他國成約外，專員極願儘先考慮中國需要，易貨辦法不
甚贊成，巴對 SOFT CURRENCY 區域紗布進口無限

制。該專員認為中國屬於此區，亦不受限制。特先電聞，餘詳另函。倫意中國本年需棉量及願現款購買否二點，如先電告，可代請保留配額，免致遲誤。

羅家倫

〈巴基斯坦商務代表團將來華洽商易棉〉，《外交部檔案》。

第三節　黨務

1. 蔡維屏電外交部部次長為中國國民黨駐印度總支部書記長劉翼凌被印度政府無故勒令限期離境請採適當措置（1947年11月1日）

第一七七號。一日。急。

南京外交部部次長鈞鑒：

駐印度總支部書記長劉翼凌近忽奉印度政府命令限期勒令離境，並未說明任何理由。經設法向有關單位方面探詢，得悉劉君被迫離境原因，係印度政府懷疑劉君有秘密活動情事。查本黨總支部純係一公開性質之團體，在印設立有年。據查劉君之行為亦絕無任何非法或秘密之活動，印方頒發命令，當別有作用。此非獨有關劉君個人在印之去留，且亦影響本黨在印之合法地位。本館業經竭力向當地政府交涉，並同時懇請駐印大使館代向印度政府交涉力爭，惟印方態度頗為堅決。現以期限急迫，理合電請鈞部採取有效之適當措置，賜向印度駐華大使予以解釋，以期收回成命，必要時職擬往德里一行，如何仍請電示為禱。

職蔡維屏叩

〈劉翼凌被印度迫令離境等〉，《外交部檔案》。

2. 駐加爾各答總領事館密致外交部代電為劉翼凌被限期離境據悉係因加城警局某英籍副局長個人秘密報告由（1947年11月3日）

外交部鈞鑒：

密。關於駐印度總支部書記長劉翼凌被限期離境事，第一七七號電計邀鑒察。謹查劉君在印並無秘密不法之活動，印度政府無故委加各項罪名，並無確實根據。經據可靠方面獲悉，印度政府頒發此項驅逐命令，係由於加城警局某英籍副局長個人之秘密報告。該副局長對我素無好感，年前大吉嶺中華學校校長杜道周因招收藏籍學生為其所悉，遂藉故簽請政府將杜君驅逐出境，幾經交涉，終未能挽回。此次劉案當亦必另有作用。大使館為此事曾向印度政府一再提出質詢，印方始表示劉君有秘密活動，觸犯法律本應予以逮捕審問，經一再考慮，始施以驅逐出境之處分，究係觸犯何項法律，印方不予說明。惟據加城警局負責人談稱劉君被逐出境，係因其多次不遵守外僑規則，並無任何重大案情，足見印度政府驅逐劉君出境，實無確切充分之理由與證據可以提出，故只好以秘密活動為藉口。據劉君表示彼係在印黨部之工作人員，留印三年餘，自信絕無秘密非法之行動，故寧願接受印度法庭之裁判，不願蒙此不白，以致影響將來黨部在印之地位與黨務之推動，其個人去留實不足惜。目前本館除積極設法將其中內情與孟加拉省印人內閣總理予以明白解釋，並懇其建議中央政府重新考慮此案，同時繼續請大使館向印政府交涉外，理合檢呈本館致加城警局備忘錄抄件及本館呈大使館有關劉翼凌在印

行動報告各乙件，電請鑒察，並俯賜向印度政府正式提
出交涉，用以保障在印黨部與僑民之合法權益為禱。

職蔡維屏叩

附件如文

一、一九四六年二月印政府不許劉君居留及其後匿居五
　　月一事，絕對不確，本館可負責保證。一九四七年
　　二月印度政府對劉君要求永久居留，未予批准，本
　　館曾代函請副局長 GARDNER 君准予居留十八個
　　月，迄未獲復。GARDNER 君曾面告劉君十八月
　　為期過長，如為數月，尚可設法。

二、本館何領事綿山於十月十四日面晤 GARDNER 君
　　時，GARDNER 君言對此事曾盡力幫忙，頗為劉
　　君呈請准予數月之居留，惟劉君要求之時間過長，
　　故遭德里批駁。

三、所稱劉君與賭場有關，絕無其事。關於僑區治安，
　　本館素與警局合作，凡有不良份子，皆開具名單，
　　送警局參考，本館對僑區賭場早有調查，並有詳細
　　名單，隨時可送警局查辦。

四、所稱劉君有走私嫌疑，全屬虛構。如屬實情，應有
　　海關文件證明，並早應依法辦理。

五、所稱劉君有秘密活動一節，顯係指總支部工作與活
　　動，惟此絕無秘密可言。總支部在印之機構與工作
　　項目，如印方要求，可以備忘錄方式，送交參考。
　　據悉，最近一週來此間警局將報載總支部及劉君活
　　動情形譯成英文，紛請僑胞核對，顯然警局方面先

有成見，臨時羅織證據。

六、警局 GARDNER 君對我國及華僑素具成見，對比較活動之僑領常加架陷，今夏大吉嶺中華小學校長杜道周即因該校招收西藏學生而被其注意，勒令出境，雖經我方交涉，亦不能挽回，而印政府同樣不能說明理由，顯然 GARDNER 君亦以秘密活動為詞。

七、當事國如驅逐外國僑民時，使領館有權查問驅逐之原因，亦可據理力爭，除非當事國以危害國防為詞，始不能追問。

八、此案演變至此，非僅劉君個人居留問題，而與兩國間今後邦交有重大關係，我方固應徹查劉君行動，印方亦應對加城警局之報告重新估價。印方既不肯將原因說明，我方自無從駁辯，如此可能由警局內一、二人之成見構成罪案，並因此離間兩國情感，故我方除劉君之居留問題外，亦宜以誠懇之態度，請印方沉著客觀徹底調查，庶可水落石出，而兩國之友誼不致受挑撥而生裂痕。

〈劉翼凌被印度迫令離境等〉，《外交部檔案》。

3. 駐加爾各答總領事館密致外交部部次長代電為印度政府驅逐劉翼凌出境與加城警局副局長密談由（1947年11月3日）

密。

部次長鈞鑒：

關於印度政府驅逐總支部劉書記長出境一案，職於十一

月一日與此間警察局副局長 BHATTERCHARYA 密談
達三小時之久。查該副局長為八月十五日印度獨立後新
任職者，其地位在英人額外副局長 GARDNER 之上，
而為加城外事警局之最高負責人。關於職提出劉君被誣
控各點，彼均同意職之觀察，並同意此案有重新考慮之
必要，並密囑職繼續請大使館積極交涉。彼並允自即日
起研究改革過去之驅逐外僑出境政策，彼並商請職將所
談各點擬成報告，俾其速送印度政府參考。最後彼同意
一面請求印政府收回驅逐成命，一面希望劉君能於明年
一月左右自動離境云云。除已將詳情密呈大使館外，茲
謹將供給該副局長之說明報告（用該副局長本人口吻）
抄本一紙，呈奉鈞核。

職蔡維屏叩

〈劉翼凌被印度迫令離境等〉，《外交部檔案》。

4. 外交部急電駐印度大使館為劉翼凌經印方令離境指
示各點由（1947 年 11 月 4 日）

駐印度大使館：

據加館電，劉翼凌經印方令離境，據何事實，應要求
說明，相機交涉，聲明在未得本國政府指示前，務請
暫緩執行。

外交部歐

〈劉翼凌被印度迫令離境等〉，《外交部檔案》。

5. 葉公超、梅農為劉翼凌經印方令離境談話紀錄（1947 年 11 月 5 日）

談話紀錄。

鄭健生錄。

卅六年十一月五日上午十一時十分，外交部葉次長約印度駐華梅農大使晤談於其辦公室。

葉：本部據駐加爾各答總領事館電稱以中國國民黨駐印度總支部書記長劉翼凌近忽奉印度政府命令，限期勒令離境，並未說明任何理由。經設法得悉劉君被迫離境之主要原因，係印度政府懷疑劉君有秘密活動情事。查該黨部在印設立有年，係一公開性質之團體，而劉君行為亦無任何非法或秘密之活動。此舉非特關係劉君個人在印之去留，且亦影響國民黨在印之合法地位。本人擬請閣下對劉君被逐出境之原因予以見告。

梅：對此事本人迄無所聞，惟當即電呈本國政府查明原委，以便奉告閣下。

葉：查中國國民黨在印之活動，全屬公開性質。在印華人並不因其為黨員或黨部主持人而受拘捕或驅逐之處分。

梅：當然因此而不受處分。

葉：國民黨黨員之活動，如有違抗貴國政府情事，貴國政府當可先行通知中國政府加以查明。如經證實，中國政府當即予以召回。但似不應不宣布理由，而予以驅逐出境或逕行逮捕。憶閣下前於德里時曾函中國駐印薛代表壽衡，表明中國國民黨在印之活

動，為合法之活動。故貴國政府驅逐劉君一舉，實
與閣下所言者相違背。故請閣下轉呈貴政府於事實
真相未明之前，暫緩執行該項驅逐之命令。

梅：本人站在私人之立場上，對閣下之意見深表同意，
願即將此意見呈報本國政府。惟本人除曾與薛代辦
口頭談及劉翼凌在印之活動外，並未函論此事。

〈劉翼凌被印度迫令離境等〉，《外交部檔案》。

6. 駐加爾各答總領事館呈外交部部次長為劉翼凌經印方飭令短期離境續與此間外事警局及省政府商談由（1948 年 1 月 5 日）

案查此間國民黨駐印總支部書記長劉翼凌君被印政府
驅逐出境一案，前奉駐印大使館印使卅六字第一七〇
三號代電暨印度外事部備忘錄抄本，略以印政府已將
驅逐令收回撤銷，但仍飭其本人必須短期離印，否則
即將重發該令等因。竊該案之交涉，已醞釀日久，迄
未獲完滿結果。職鑒於今後華人之入境居留問題，獲
得合理之處理起見，現仍不斷積極與此間外事警局及
省政府商談，並相機建議，俾能依照平等互惠原則及
國際慣例處理。故對劉書記長居留案，已再電陳大使
館請與尼赫魯氏等繼續商談交涉外，謹將原電抄件乙
份，備文呈奉，敬乞鑒核為禱。

謹呈部次長。

　　　　　駐加爾各答總領館領事代理館務蔡維屏謹叩

〈劉翼凌被印度迫令離境等〉，《外交部檔案》。

7. 中國國民黨中央執行委員會海外部致外交部代電仍請向印度內政部作最後折衝俾劉翼凌續留印度（1948年2月25日）

外交部公鑒：

案准貴部本年二月十四日外37歐一字第23498號代電附送印度總支部書記長劉翼凌同志被印方驅逐出境，經駐加蔡代總領事維屏迭向印方交涉經過報告二件敬悉。關於本案，仍請貴部電令駐印大使向印度內政部作最後折衝，俾劉同志得以繼續居留為荷。

中央海外部

〈劉翼凌被印度迫令離境等〉，《外交部檔案》。

8. 駐印度大使館電外交部為印政府對劉翼凌重下驅逐令現劉君擬謀法律解決惟恐難勝訴等情（1948年3月19日）

第295號。18日。

南京外交部：

歐287號電敬悉。劉翼凌被令出境理由，前據印度外交部函告，係數次違犯護照條例，因彼係以戰時海員服務隊資格來印，戰後該隊結束，印政府認為應即歸國，否則當時即應登記。且劉君曾回國數月，返印後經當地警察署通知登記，而劉竟未登記，故印方認為明知故犯。經本館交涉，印政府去年十二月來文撤銷驅逐令，惟須劉君短期內自動離印。本館以彼方並非毫無立場，而劉君有對法令疏忽之缺點在彼手中，仍向正面堅持無濟於事，故會同駐加爾各答總領館由側面數度疏通，覓徑轉

圍，乃印方以讓步後，未經劉君接受，上月重下驅逐
令。本館以此案正在徹查為口實，要求暫勿執行驅逐，
彼方復稱不能展緩，故事成僵局。現據劉君呈報，擬以
私人名義投訴，謀取法律解決。本館恐其難期勝訴，但
亦不便阻止，詳情代電另呈。

駐印大使館

附註：歐洲司 287 號去電——為劉翼凌又被令出境希
即交涉取消原令由。

〈劉翼凌被印度迫令離境等〉，《外交部檔案》。

9. 羅家倫致外交部快郵代電檢呈辦理劉翼凌案經過節略及附件十件（1948 年 3 月 22 日）

外交部鈞鑒：

關於劉翼凌被逐出境，案奉歐二八七號電，業以第
二九五號電復。茲將本館辦理此案經過繕具節略，呈請
鑒核示遵。

駐印度大使羅家倫

劉翼凌案

本館於卅六年十月十五日接駐加總領事館電及代電，劉
翼凌奉加城警局令，限十月底以前離印，請向印政府交
涉，暫准劉君繼續居留兩個月至三個月，以待最後決
定。當即於十七日函印度內政部（內政部為主管機關，
鑒於時間短促，故逕向行文，未經印外事部轉，以省手
續）。請對劉君居留事，重予考慮，在未作最後決定
前，暫准居住（附件一）。至十月廿八日仍未得復，因

派一等秘書許孟雄往訪內政部秘書長（其地位相當於次長）面商，據告該部對此事不僅根據加城警局報告，係經政府有關各部當局（內長巴泰爾在內）慎重考慮決定。詢以何項理由，據稱未便奉告，惟謂劉君曾有違法行為數次，驅逐令欠難變更等語。

經即以電話通知駐加總領館，旋據後稱，劉君不承認曾有違法行為，恐警局報告難免有誤會之處，因再繕說帖（附件二），請印政府暫准劉君居留兩月，在此期內，重新調查，再作決定。由許秘書於十月廿一日再訪內政部秘書長商談，並將說帖面交。據該秘書長稱，劉君係於戰時來印，在海員服務隊工作，一九四六年一月海員服務隊結束，劉君即應歸國，乃劉君既未歸國，亦未依照管理外僑法令前往警局登記。事隔五個月，經警察查覺，並未嚴辦，僅繼續予以注意，直至現在始決定令其出境。即此一端，印方本可予以監禁，只以尊重劉君之地位，僅令離印，如劉君願將行期稍展，印方可再緩期一個月，惟須請貴館書面保證等語。並據該秘書長密告，此事純因劉君個人行為，伊願以個人名義保證，與劉君在國民黨總支部之活動絕對無關云云。經本館立即通知駐加總領館轉知，未經劉君接受。

按國際慣例，印度政府欲令我國僑民出境，雖無說明理由之義務，我國如認彼方處置不當，亦可要求其說明理由。內政部秘書長雖曾於口頭將劉君未依法登記一端略告許秘書，但未說明其他理由，且未載文件，難資根據。因於十一月五日奉歐225號部電後，正式照會印度外事部（附件三），請將印方勒令劉君出境理由見告，

在未經證實劉君確有違法行為前，應准繼續居留。十二月十二日接外事部照復（附件四），謂已參考最近所得報告（暗指並非完全根據英印時期所得報告），重行考慮，因劉君曾違犯護照法令數次，對於此項決定歉難變更，印方鑑於劉君地位，不願檢舉，但對其違法行為亦不能忽視。如能勸告劉君早日自動離印，則印政府可不執行驅逐令云。

查印政府對外人違犯護照法令應受處分，未見明文規定，曾向有關方面探詢，據告可判處徒刑五年，如非初犯而曾經警告者，尚可作更嚴厲之判決。劉君旅印多年，身任總支部書記長兼《中國日報》總編輯，非無知僑民可比，對此項法令，自不能諉為不知。況據印方口頭告稱，劉君曾於一九四四年間回國一次，返印時印警曾令依法登記，當時因劉君仍在海員服務隊工作，故予豁免，則劉君對於此項法令，更不得以不知為藉口。

本館數度與主管方面及有關私人間談話，深覺印方決定取消執行驅逐，改請劉君自動離印，彷彿係最後讓步。蓋一國政府對於外僑如有不滿，而決定一種處分，乃其行政權能之施行，我方雖仍可繼續交涉，但彼方亦自有行政上之立場。而劉君對駐在國法令不免有疏忽之短在其手中，欲強其完全接受我方意見，殊屬困難。如仍從正面堅持，無濟於事。故一方非正式函蔡總領事勸劉君自動離印，以免被逐，一方會同駐加總領館從各方面進行疏通，冀能另覓轉圜途徑。此項疏通工作，在德里進行者二次以上，但未見成效。

本年二月十五日印度外事部照會本館（附件五），以上

年十二月間印方讓步，劉君既未接受，不得不重下勒令出境令。本館復以此案正在我方徹查為慈，要求其暫勿執行，為將來交涉留一餘地（附件六），彼方復稱礙難展緩（附件七），至此已成僵局。

現據劉君三月一日呈報，擬以私人資格投訴，謀取法律解決，並附其所延律師撰擬致印度外事部函，請為轉致（附件八、九）。本館對其投訴，雖恐其難以勝訴，但亦不便阻止，已以長函詳予指示矣（附件十）。

卅七、三、廿二

〈劉翼凌被印度迫令離境等〉，《外交部檔案》。

10. 駐加爾各答總領事館電外交部據聞劉翼凌案係加省警局前英籍副局長一手造成現已被解雇又著劉短期暫離印此案可暫結束（1948 年 6 月 1 日）

第231號。1日。

南京外交部：

昨晚邀警察局新任副局長密談，據悉：

（一）伊未見任何文案足證劉翼凌罪行而應予驅逐，伊曾向內政部力陳應將驅逐令撤銷，惟內政部電稱，此案已無法再行檢查，但伊仍擬由省政府途徑設法，並告萬一劉君終須離印，伊負責半年後仍可返加。

（二）伊呈報此案英籍副局長 GARDNER 一手造成，堅持立予解雇，現已獲准。

（三）今後願一改過去政策，並事先與本館商洽。事實上自伊任職來均已如此，並對華僑案從

寬處理。

上月伊決定將原僱華籍調查員一律免職改僱，職已著劉短期暫離印，除非省政府自動出面外，此案可暫結束。惟該英籍警官可能赴華，尚懇飭印、緬、港、馬來各領館暫不核准為禱。

駐加爾各答總領事館

〈劉翼凌被印度迫令離境等〉，《外交部檔案》。

11. 駐加爾各答總領事館電外交部自劉翼凌案後此間省府當局對我方頗表同情惟據報中印關係似應提防（1948 年 7 月 2 日）

部次長鈞鑒：

關於劉翼凌君一案，231 號電計達。該案業經由劉君之離印赴巴基斯坦而結束。在今春三月間，此間新任警局副局長新哈對我方甚表同情，據渠對華僑代表及對職表示，警局內檔卷並不足以證明劉君有任何重大罪行，並極願為劉君挽回此案。在渠蒞任之兩週內，即於獲得孟省府及警廳長同意後，呈請內政部收回成命。惟時值內政部長巴特爾氏臥病，乃由水利部長 GADGILL 代理內部部務處此事。事後予本館有關係人士前往德里訪晤 GADGILL 氏，談及此案，據稱按前任駐華大使梅農氏表示，驅除外僑時，政府並無解釋原由之義務，並謂我國政府驅除外國僑民全憑戴笠將軍一語，並無說明理由之說云，因此印政府決定維持原議，執行驅逐令。此間省府雖表示半年後，如劉君申請返印，仍可設法，惟此案經過曲折，恐不易辦到。（二）查自劉案發生後，

此間省府當局對我方頗表同情，尤於某次宴會中，美國領事亦表示原任額外副局長英籍 GARDNER 君遇事為難，設該君繼任管理外僑職務，美領館將無從與警局合作之，因此間警局深信過去多種困難發生，實由於該英籍警官於中作祟所致。據省府當局曾下令護照局對華僑申請入境簽證從寬處理，警局方面並表示願與本館密切合作，在未獲本館同意與了解前，不驅除任何華僑。事實上最近半年來，凡申請入境者均予准許，僅一二件係因申請人曾在印度居留，並有不法行為之記載，故迄未准允。惟僑胞方面有時過於奢望，偶有少數申請未能迅即獲准，即行呈請交涉。對此種要求，本館均加勸慰，囑安心候印政府函復。（三）當「與本館有關係人士」晤見 GADGILL 氏時，氏並表示華僑在暹羅為學校立案事中，暹政府交涉經年迄無法解決，頗值印政府注意，並稱中印關係 "friendly, but watchful"。此君雖不掌外交與內政，但如有此觀念，似應提防。僑校在印計有中學一所，小學七所，平時僅懸國旗，教授中英文字，自印度獨立後，職即著加城中學，增設印度語文課程，並已實行。惟關懸旗一事，迄未擬定改善辦法。除學校外，加城有國民黨總支部及所屬三分部，計辦公處所四址，均滿懸黨國旗、國父遺像、總裁及黨國領袖肖像、黨員守則及標語等。如遇有我國重要節期，則各僑商均懸國旗，舉行擴大紀念會，有時且由學生列隊遊行，手持國旗、畫像，沿街張貼標語。此種愛國熱情實勘嘉勉，惟如細加思考，殊覺過於召人注意之處。最近我國大總統就職前夕，各僑團正擬募集款項大事購置鞭炮，準備大

總統就職之日舉辦遊行，沿街燃放。職聞訊後即通告各
僑團以奉本部訓令為節約計，除舉行紀念慶祝會而外，
不必另有其他節目，而預加防止。現本館已密囑各僑團
預為製備印度國旗，準備必要時懸掛之用。惟將來如遇
有我國或印度國慶及其他重要節期時，究宜如何懸掛，
尚祈鑒核示遵為禱。

職蔡維屏謹叩

〈劉翼凌被印度迫令離境等〉，《外交部檔案》。

第三章　救濟新疆撤退入印巴人員

第一節　協助撤退印度之新疆蒲犁軍警難民

1. 陳質平電外交部部次長據報蘇聯軍突襲我軍退入印度請速救援（1945 年 8 月 30 日）

第一〇四號。三十日。限即到。

重慶外交部部次長：

頃據 JANG TING SEN 及 D. U. JANG 等自印境喀什米之 MISGAR 來電內開：蘇聯軍一千五百名突於八月二十二日晨六時向 TASHKURGHAN 我軍進攻，我軍僅一百七十名，與戰一日，死傷多名，被迫退至 MINTIKE，蘇軍二百名繼續進迫，直抵 THOGAS，我軍糧食軍械損失淨盡，現退入印度 MISGAR，請速設法援助等語。除設法查明入印人數外，謹電呈，並乞核示處置辦法祇遵。

職陳質平

〈協助因蒲犁事件進入印度之民兵〉，《外交部檔案》。

2. 朱紹良、吳忠信電復王世杰蒲犁失守後我軍是否退入印度尚未據報（1945 年 9 月 5 日）

急。

重慶外交部王部長：

貴部駐迪特署轉示吾兄申東第五二〇號電敬悉。查武牌

有匪騎一部，由蒲犁邊界布倫口西北約六十華里之喬庫塔衣越入我境，當日進據布倫口，養晨進攻蒲犁。守城衛隊隊長以次傷亡甚重，續由警局隋局長會同孫縣長，率官警進擊，終因寡眾不敵，於午後八時退出蒲縣，下落不明。蒲犁失守後，通訊隔絕，孫縣長等是否率部退入印度，尚未據報。

朱紹良、吳忠信

申微迪蓐

附註：亞西司五二〇號去電——關於蘇軍進攻蒲犁縣事。機要室註。

〈協助因蒲犁事件進入印度之民兵〉，《外交部檔案》。

3. 軍令部致外交部代電為請確查新疆蒲犁事件蘇聯進攻部隊之兵力番號及向印度當局交涉予退印我軍以歸國便利由（1945年9月8日）

外交部公鑒：

九月一日第西34七九三一號代電敬悉。此次新疆蒲犁事件之發生，適在中蘇友好條約訂立之後。是否為蘇軍所為，抑係新疆少數民族，冒藉蘇軍名義擾亂，殊有先行查明之必要。擬請電飭加爾各答陳總領事：

（一）確查進攻部隊之番號、兵力、兵種及現駐地，以便作今後交涉之根據；

（二）關於退入印境之我軍，請就地向印度當局交涉，予以通行，及糧食購給之便利，並指示以歸國途徑。

除另電朱長官速查事件真相，以便辦理外，特此電復，

並請核辦見復為荷。

軍令部

二商申庚

〈協助因蒲犁事件進入印度之民兵〉，《外交部檔案》。

4. 薛壽衡電外交部退入印境之難民中有若干防軍現準備返去（1945 年 9 月 24 日）

第七五四號。二十四日。

重慶外交部：

601 號電敬悉。查此案經密詢印度政府，惟未提起蘇聯字樣。據告 TUSHKURGHAN 一地在印度 GILGIT 通新疆喀什葛爾之大道上，此次退入印境之難民中，有若干防軍，連婦孺在內，共計三十餘人，係受附近部落人之侵襲，被迫而來，渠等現以該地已告安靜，準備返去。GILGIT 之前哨站已予以協助運送，諒可告一段落。惟該擾亂部落，究係何種、有否背景，中國政府如有報告，希通知等語。理合電呈鑒核為禱。

薛壽衡叩

附註：亞西司 601 號去電：關於蘇軍進攻蒲犁我駐軍退入印境事。機要室註。

〈協助因蒲犁事件進入印度之民兵〉，《外交部檔案》。

5. 駐加爾各答總領事館致外交部快郵代電呈報新疆蒲犁縣保安隊隊長及警察局隊長聯名報告經過及退入印境官眷人數（1945 年 10 月 19 日）

外交部部次長鈞鑒：

關於新疆蒲犁縣保安隊及警察被蘇軍壓迫退入印境一案，鈞部九月十二日第八一九號電敬悉，遵即切查去後，茲據該保安隊隊長張林森及警察局隊長謝發全聯名寄來報告一件，係九月九日所發，遲至本月初始行送達本館。該報告敘述被迫經過頗詳，現已退入印境之官兵及眷屬共計二十九人，至於攻擊部隊究係蘇軍，或係其他少數民族冒名尋釁，並未敘明。惟有「據土民呈稱，其高級指揮官係蘇聯人」一語，似可參考。再該批官兵在密什卡之詳細住址，並未據報，而函件遲緩，往返需時，究竟該批官兵應自何處返國或由原路回新，所請接濟冬季衣物等項應如何辦理之處，除遵再電飭將攻擊部隊、番號、兵種、兵力報告來館，以憑轉呈外，理合抄錄該隊長等報告代電呈報，乞鑒察核示祈遵。

駐加爾各答總領事館叩

附抄件。

〈協助因蒲犁事件進入印度之民兵〉，《外交部檔案》。

6. 軍令部致外交部代電為請轉知張林森等退回國境聽命朱紹良處理由（1945 年 10 月 19 日）

外交部公鑒：

西 34 第 10554 號代電敬悉。關於我蒲犁駐軍被襲擊一案，請照本部令二商字第 6482 號代電二項向印度當局

交涉，並張林森等即退回國境，聽命朱長官紹良處理。
除另電朱長官外，特電查照。

軍令部

令二商戌寒

〈協助因蒲犁事件進入印度之民兵〉，《外交部檔案》。

7. 軍令部致外交部代電為請轉知退入印境人員返國應先至和闐並將該等已否離印返國查詢見復由（1945年11月24日）

外交部公鑒：

令二商字第七三七三號代電計達。茲據朱長官戌哿電稱：蒲犁匪氛未靖，返國人員應飭先來和闐，以免被匪劫持等由，請轉電退入印境人員知照，並將該張林森等已否離印返國，現在何處，查詢見復為荷。

軍令部

令二商戌迴

〈協助因蒲犁事件進入印度之民兵〉，《外交部檔案》。

8. 薛壽衡電外交部准印政府函稱張林森等不如俟匪氛平靜仍由原路返新疆（1945年12月9日）

第 795 號。9 日。

重慶外交部：

632 號電敬悉。頃准印政府函稱：該張林森等一行男女共廿九人，現仍在 MISGA。如先往和闐，則須經由 KASHIMIR 之 SRINAGAR 及 LEH 一路返新疆，轉瞬嚴冬將屆，不能通行，不如俟匪氛平靜，仍由原路返新

疆，屆時可請南疆行政長官通知英國總領事，印政府即
可照辦等語，謹復。又印政府稱該案既經本署接洽，不
再通知駐加爾各答總領館矣。

職薛壽衡

附註：亞西司 632 去電：為令轉知張林森等先返和闐，
以免被匪劫持事由。機要室註。

〈協助因蒲犁事件進入印度之民兵〉，《外交部檔案》。

9. 駐印度專員公署致外交部快郵代電據印府外事部函
稱張林森等擬即返原籍（1946 年 1 月 28 日）

外交部鈞鑒：

第六四七號電奉悉。關於請求印府協助我退入印境
人員張林森等循原道返新一案，頃准印府外事部來
函略稱，據駐 GILGIT 政治代表報告，該批人員現
留 MISGAR，因天寒衣單，故擬即返原籍，刻正候
KASHGAR 行政督察認可之通知等語。准此理合鈔呈
原件，敬祈鑒察為禱。

駐印度專員公署

〈協助因蒲犁事件進入印度之民兵〉，《外交部檔案》。

10. 薛壽衡電外交部部次長據印政府稱已准張林森等暫
為居留惟請中國政府自備費用（1946 年 2 月 18 日）

第八二四號。十八日。

重慶外交部部次長鈞鑒：

張林森等退入印境一案，印三十五字六三八九代電計
達。頃據印政府稱，MISGAR 地方給養無著，印政

府已准其前來 GILGIT 暫為居留，惟該批人員給養不給，應請中國政府自備費用等語。應如何答復，敬祈核辦電復。

職薛壽衡叩

〈協助因蒲犁事件進入印度之民兵〉，《外交部檔案》。

11. 薛壽衡致外交部部次長快郵代電據印府外事部函稱張林森等每月用費金額（1946 年 3 月 12 日）

部次長鈞鑒：

上月十五日第八二四號代電計呈鈞察。頃准印府外事部函略稱，據駐吉爾吉特政治代表報告，新疆籍難民張林森等，每月用費自三月初起至五月底止，共計印幣叁仟壹佰陸拾盾。至於三月份以前費用，支出數目尚在探詢中，容後再行函達等語。准此理合呈報，即請鑒核示遵為禱。

職薛壽衡叩

〈協助因蒲犁事件進入印度之民兵〉，《外交部檔案》。

12. 駐印度專員公署致外交部快郵代電據印府外事部函稱救濟張林森等款項金額請撥匯歸還為禱（1946 年 5 月 14 日）

外交部鈞鑒：

三月十二日印 35 第九五二五號代電計呈鈞察。關於新疆籍難民張林森等救濟金案，又准印府外事部來函略稱，去年八月初至本年二月底，印府救濟該批難民款項共計印幣五○○五盾七安等語。准此理合抄呈原函暨附

件，即請鑒核，並將該款撥匯，以便歸還印府為禱。

駐印度專員公署

附件。

〈協助因蒲犁事件進入印度之民兵〉，《外交部檔案》。

13. 薛壽衡電外交部部次長據印政府稱可先行撥給張林森等返新旅費（1946 年 6 月 19 日）

第81號。六月十九日。

南京外交部部次長鈞鑒：

新疆難民張林森等擬由列城返新，印度政府函稱，如我國政府願負責其旅費，可由印度政府先行撥給。應如何辦理，即請電示祗遵。

職薛壽衡叩

〈協助因蒲犁事件進入印度之民兵〉，《外交部檔案》。

第二節　印度政府追索僑民款項

1. 薛壽衡致外交部部次長快郵代電據印府外事部函稱張林森等已離克什米爾返新請歸還印府撥給旅費及留印期間生活費用（1946 年 9 月 4 日）

部次長鈞鑒：

五月十四日第九七六二號代電、六月十九日第八八一號電計呈鈞察。關於新疆難民張林森等救濟金案，准印府外事部來函略稱，彼等一行廿四人經於八月廿五日離克什米爾返新疆，印府撥給旅費一九八〇盾，請速歸還等語。查該批難民留印期間生活費用計五〇〇五盾七安，連同返新旅費共計六九八五盾七安，即請鑒核，並將該款撥匯，以便歸還印府為禱。

職薛壽衡叩

〈協助因蒲犁事件進入印度之民兵〉，《外交部檔案》。

2. 國防部致外交部快郵代電據報張林森等現已抵達坎境請轉飭向印當局交涉放返其武器裝備（1946 年 9 月 20 日）

急。

外交部公鑒：

午哿機軍電計達。頃准西北行轅張主任申虞營參迪情電開，據騎九旅旅長張鳳儀電稱，查我方前退入坎境部隊，係第十一區莎車區駐蒲境方面明鐵蓋卡保安分隊官兵十三人、眷屬二人，由中尉分隊長張林森率領，另蒲犁警局警官聯絡人警共計九名，由謝發全率領，現俱安

全，惟武器已經解除，乞電國防部查案交涉，將該項人
員武器裝備放返，俾便收撫等由。查前被襲退入印境之
張林森等流落印境，迄今一年，現已抵達坎境，請再電
飭駐印領事，向印當局交涉，迅將該項人員武器裝備放
返為荷。

國防部

（三五）申咢機情盼一邊

〈協助因蒲犁事件進入印度之民兵〉，《外交部檔案》。

3. 薛壽衡電外交部據印府外事部函稱張林森等已離克
什米爾返新請歸還印府撥給旅費及留印期間生活費
用（1946 年 10 月 3 日）

第42號。三日。

南京外交部：

27 號電敬悉。據彼答覆稱，該項軍械係難民被扣留，
由當局保管，現由最後一批人員帶回，惟難民費用支
給，深盼即日歸還等語。理合電陳。

職薛壽衡

附註：西 27 號去電—— 為國防部電請向印當局交涉將
張林森等人員武器裝備放還由。

〈協助因蒲犁事件進入印度之民兵〉，《外交部檔案》。

4. 國防部致外交部快郵代電據報張林森等現已抵達坎境請轉飭向印當局交涉放返其武器裝備（1946年12月17日）

外交部公鑒：

卅五年十二月拾五日西（35）11629號代電敬悉。張林森等救濟金及追加旅費，已電轉西北行轅張主任查照速辦矣。

國防部（卅五）亥篠機內邊

〈協助因蒲犁事件進入印度之民兵〉，《外交部檔案》。

5. 羅家倫呈外交部印度政府要求清還所付華僑及新疆入印難民救濟費三案謹陳述案情及處理意見敬祈裁決電示由（1947年5月30日）

當此中印邦交重新建立之時，凡以前懸案可了應予速了，尤其少數帳目，應付者不應拖欠，致貽印度政府以不良感想，至於不能承認者亦應迅速告知，免其久懸虛望。此項原則，敬祈鈞部採擇，並予支持。

根據前項原則，查關於華僑及新疆入印難民曾受印度政府救濟，現由印度政府要求還款事件，計有三案，茲分別陳述案情及處理意見如左：

（一）關於印度政府救濟 ANDAMAN 與 NICOBAR 兩島貧苦華僑費，計三五一五盾又十三安，業經鈞部本年三月廿六日第九十三號來電謂該項「救濟費案奉院令核准，已催僑務委員會逕匯該館」。惟至今僑務委員會尚未將該款匯到。該款既經答應印度政府，在理不宜久延，請即

催詢速匯以昭信用。

（二）關於新疆南疆事變，退入印度避難之新疆蒲犁縣保安分隊長張林森等，留印期間生活費及還鄉旅費，計一五五三二盾十二安三派，業由印度政府於去年十二月十七日來文清算總帳如上數，並要求歸還。此案交涉已久，並經先後轉呈鈞部在案。並曾奉代電三次：一次謂「業經本部電請國防部轉電迪化張主席查照辦理」；二次謂「已轉國防部催辦」；三次謂准國防部「復電略開查新疆蒲犁縣保安分隊長張林森等在印度政府所借回國旅費一五五三二盾十二安三派一案，業經轉西北行轅核辦等由，特先電達」。至於核辦結果如何，已後迄無指示，而印度政府迭次來文催詢。家倫意見以為此款理應迅速歸還印度政府。1. 伊犁叛軍侵入南疆，見漢人及官吏即行屠殺，張林森等人少力薄，退入印境，於情於理，均屬可原，而印度政府慨予接濟，乃屬協助我中央，保全效忠人員之生命。2. 張林森為保安分隊長，乃我國遇難官吏，我政府更應負責。3. 即令西北行轅核辦照准，該機關並無外匯，仍然推到中央。則此案不知延至何日可了。如此 4. 擬請鈞部逕與國防部白部長商量，逕向行政院會同提案，將此款通過歸還，匯下轉達，以全國家體面。因此款約計不過合四千餘元美金，為數並不多也。

（三）新疆隊商因遇南疆為叛軍所擾，滯留印境，由

印度政府發給生活費及還鄉旅費二一一〇〇盾
一案，於本年五月五日印度外交部方向本大使
館提出。處理辦法，不外兩途：1. 因印度政府
對我國人民同情，免其受屠殺或凍餓而死，曾
付此款，我政府如能歸還，亦屬正當之舉。2.
如不歸還，則我方亦不無可以藉口之處：一因
其事隔一年，何以至今方才通知；一則該隊商
所運，大部分想係駐疏附英國總領館之物件，
故彼願意並已經擔負其他一部分之款也。不過
此點彼此可以意會，不必說出耳。謹將此案來
文及復文一併附陳，敬希裁決電示！

謹呈外交部。

駐印度大使羅家倫

附呈抄函二件。

〈協助因蒲犁事件進入印度之民兵〉，《外交部檔案》。

6. 蔣中正致王世杰代電希核辦新疆僑民卡蘭懇轉請印度政府免予追索生活費並另給賠償以便返新事（1947年8月28日）

外交部王部長勛鑒：

據旅印新疆僑民卡蘭函呈以一九四二年與摩罕默德伊敏因同一嫌疑被捕，原冀查明無罪開釋時，可獲得印度政府之冤獄賠償。孰料印政府現反追索拘禁期中之生活費，懇請轉請印政府免予追索，並另給賠償以便回返新疆等情。茲附發原函，即希核辦逕復為盼。

中正

未儉府交

附發原函乙件。

〈救助新疆入印僑民穆罕默德伊敏等〉，《外交部檔案》。

7. 駐加爾各答總領事館致外交部代電關於新疆僑民卡蘭前被捕生活津貼事（1948 年 1 月 16 日）

外交部鈞鑒：

奉鈞部上年九月二十日歐36 字第一九九三〇號代電飭查旅印疆僑民卡蘭前因嫌疑被捕後以無罪開釋，印政府未予發給冤獄賠償，反追索拘禁期中之生活費一案，自當遵辦。謹查卡蘭前於一九四二年因嫌疑與摩罕默德伊敏一同被捕，並經交涉開釋後，卡蘭暨其在印家屬奉政府命令，遷居至中央省 DAMOH 城居住，然以該地氣候炎熱，時患病疾，並甚難維持全家生計，曾請求本館轉向印度政府交涉，准予遷移較寒地方居住，並增加發給津貼。後准印度政府函復所請遷居他處一節，礙難照准，但允許將每月津貼自七十五盾增至九十五盾。印度政府向卡蘭追索生活費，諒係此項費用。但印度政府發給卡蘭生活津貼至何時為止、總數若干，並無案可稽。本館奉文後，當經致函卡蘭查詢此案詳情。惟適逢喀什米爾戰事發生，郵電不通，寄函郵局退回。除再設法查明卡蘭地址，飭其將本案原委及有關文件呈報以憑辦理外，理合先行電復，敬請鑒察為禱。

駐加爾各答總領事館叩

〈救助新疆入印僑民穆罕默德伊敏等〉，《外交部檔案》。

8. 王世杰、白崇禧呈張羣為印度政府借予張林森等生活費及回國旅費一案呈准鑒核示遵由（1947 年 9 月 17 日）

案查前新疆南疆事變時，退入印度避難之蒲犁縣保安分隊長張林森等留印期間，由印度政府借予生活費及回國旅費，共計印幣壹萬伍仟叁拾貳盾壹拾貳安叁派一事，迭據駐印大使館電催歸還到部，值茲中印邦交新近建立之時，此項借款似應從速歸還，免貽印度政府以不良印象，惟該員等係屬地方團隊人員，所借之款本縣政府內，均無款可撥，擬請准由鈞院專案核撥交外交部經領轉還，並懇准飭中央銀行如數傳匯。是否有當，理合呈准鑒核示遵。

謹呈院長張羣。

外交部長王世杰

國防部長白崇禧

〈協助因蒲犁事件進入印度之民兵〉，《外交部檔案》。

9. 駐印度大使館致外交部快郵代電准印政府外事部再函詢中國政府是否同意歸還張林森等生活費及旅費（1947 年 11 月 14 日）

外交部鈞鑒：

關於印度政府墊付救濟難民費用一案，本年五月三十日印使字第○○六四八號代電計邀鈞察：

（一）關於印度政府救濟ANDAMAN 與NICOBAR 兩島貧苦華僑費，既經我政府答允歸還，懇迅予匯還歸墊；

（二）關於新疆蒲犂縣保安分隊長張林森留印期間生
　　　活費及還鄉旅費，現准印政府外事部十一月四
　　　日函以中國政府是否同意歸還，請早日決定等
　　　由。除先行函復外，理合抄同來函，懇迅賜示
　　　覆以便轉復；

（三）關於新疆隊商費用，本館體念國家外匯支絀，
　　　且數目較大，未經候奉覆示，業經去函拒絕。

理合抄同去函，電請鑒察。

　　　　　　　　　　　　　　　　　駐印度大使館叩

附抄函二件。

〈協助因蒲犂事件進入印度之民兵〉，《外交部檔案》。

10. 駐印度大使館致外交部快郵代電頃續准印政府外事部來函催索歸還張林森等生活費及旅費（1948 年 2 月 13 日）

外交部鈞鑒：

關於歸還印度政府墊付新疆保安分隊長張林森等救濟費事，三十六年十一月十四日第一五三九號代電計達。頃續准印度政府外事部二月三日來函催索。理合抄同來函，電請鑒核，懇迅將該款撥匯，以便轉送。如政府認國內外匯支絀，擬不予承認，亦應早日明白答覆印方，以免印方迭次函索。是否之處，仍乞示遵。

　　　　　　　　　　　　　　　　　駐印度大使館叩

附抄函乙件。

〈協助因蒲犂事件進入印度之民兵〉，《外交部檔案》。

11. 王世杰、白崇禧呈張羣為南疆事變蒲犂失守時張林森等退入印度避難由印度政府墊借之生活費及回國旅費請早予歸還由（1948 年 3 月 11 日）

查民國卅四年新疆南疆事變，蒲犂失守時，該縣保安分隊長張林森等退入印度避難，由印度政府墊借之生活費及回國旅費共計印幣壹萬伍仟叁拾貳盾壹拾貳安叁派一事，前經本外交部以西 36 字第一九五四○號暨本國防部以卅六藏酒字第五二七五號會呈鈞院專案核撥在案。惟迄未蒙批回，茲復據駐印度大使館電，轉准印度政府外交部來函催索，經查該項墊款，遲延已久，似應早予歸還，以清手續。據電前情，理合呈請鑒核示遵。

謹呈行政院院長張羣。

外交部部長王世杰

國防部部長白崇禧

〈協助因蒲犂事件進入印度之民兵〉，《外交部檔案》。

12. 駐印度大使館電外交部請迅發印政府墊款以維國家信用（1948 年 9 月 14 日）

第 381 號。十四日。

南京外交部：

印政府墊付新疆張林森隊長生活費一萬五千三百三十三盧比，年前印外交部嚴催，又此款行政院早撥，請迅發以維國家信用，乞電示。

駐印大使館

〈協助因蒲犂事件進入印度之民兵〉，《外交部檔案》。

13. 外交部致行政院秘書處代電為張林森等留印期間由印政府借支各費希催請早日核撥由（1948 年 9 月 18 日）

外交部秘書處公鑒：

查前新疆南疆事變時，退入印度避難之蒲犁縣保安分隊長張林森等，留印期間由印政府借支生活費及回國旅費一案，迭據駐印度大使館電准印政府催請早日歸還，肅經本部以西36 字第一九五四〇號及國防部以卅六藏酒字第五二七五號會呈，復經本部以外 37 西二字第〇五九五七號及國防部以卅七岡保字第五三七四號會呈，由經本部以外卅七西二字第一二七五〇號及國防部未列號會呈，先後呈請行政院專案核撥各在案，迄未奉批回。茲復據駐印度大使館電稱：印度政府墊付新疆張林森隊長等生活費一萬五千五百卅三盧比，年前印外交部嚴催，此款請行政院早撥迅發，以維國家信用等情；特電請轉陳早日核撥，並希見復為荷。

外交部西

〈協助因蒲犁事件進入印度之民兵〉，《外交部檔案》。

第三節　救助滯留印巴之新疆撤退人員

一、國防部保密局駐新疆人員

1. 譚興沛、羅堅同電外交部轉毛人鳳留居印度之期迫懇速指示（1949 年 9 月 13 日）

臺北外交部請轉國防部保密局毛公人鳳鈞鑒：

申世辰電諒達。印度政府僅允留居一月，現逾十日未奉電示，無所適從，懇速指示為禱。又甘文峰、冷生輝、王祿安、郭永業等已於本月二日搭海地輪赴臺灣。鈞局六月二十九及七月十九兩次匯款均收到。

譚興沛、羅堅同叩
午

〈救濟滯留印巴之新疆撤退人員返臺（一）〉，《外交部檔案》。

2. 蔣中正電葉公超希轉飭駐印度使領館協助保密局原駐新疆人員返國並酌借旅費（1949 年 10 月 30 日）

即刻到重慶外交部葉部長：

據國防部保密局呈稱，本局原駐新疆人員石玉貴、王孔安等七十八人，已於酉篠繞道巴基斯坦轉印返國，懇轉電外交部迅飭我駐印大使館，對石玉貴等七十八人予以切實關照協助，並酌借旅費，俾獲早日返國等情，希轉飭照辦。

中正
酉卅臺資

〈救濟滯留印巴之新疆撤退人員返臺（一）〉，《外交部檔案》。

3. 外交部致國防部代電頃接蔣中正電略保密局原駐新疆人員已繞道巴基斯坦轉印返國已電飭駐印度使領館協助惟請自行籌匯旅費（1949 年 11 月 3 日）

國防部公鑒：

頃接蔣總裁西卅臺資電略稱，據國防部保密局呈稱，本局原駐新疆人員石玉貴、王孔安等七十八人，已於酉篠繞道巴基斯坦轉印返國，懇轉電外交部迅飭我駐印大使館，對石玉貴等七十八人予以切實關照協助，並酌借旅費，俾獲早日返國等情，希轉飭照辦等因。本部已電飭駐印大使館及駐加爾各答總領事館予以關照協助，惟酌借旅費一節，因本部外匯經費極度拮据，駐外各館均無餘款，實難照辦，應請貴部自行籌匯。除另電復蔣總裁外，相應電請查照。

外交部（歐）

〈救濟滯留印巴之新疆撤退人員返臺（一）〉，《外交部檔案》。

4. 葉公超電復蔣中正已電飭駐印使領館協助保密局原駐新疆人員返國並轉請國防部迅自籌匯旅費（1949 年 11 月 3 日）

草山蔣總裁鈞鑒：

關於協助保密局原駐新疆人員返國事，西卅臺資電奉悉。本部已電飭駐印大使館及駐加爾各答總領事館予以

關照協助。惟酌借旅費一節，因本部外匯經費極度拮据，駐外各館辦公等費積欠尚無法請發，駐印各館當亦無餘款可借；本部已轉請國防部迅自籌匯，以應急需。特電奉陳，敬請鑒察。

葉公超

戌江

〈救濟滯留印巴之新疆撤退人員返臺（一）〉，《外交部檔案》。

5. 毛人鳳呈蔣中正新疆撤入印度同志情形（1949 年 12 月 17 日）

查本局在新疆擔任公開職務及秘密部分身分暴露無法潛伏工作之石玉貴同志等七十八人，自新疆向印度撤退時，曾簽請賜電外交部轉飭駐印大使館關照協助，並酌借旅費，俾資返國，嗣奉鈞座酉卅台資電准飭駐印大使館照辦有案。頃准外交部代電略以：已電飭駐印大使館及駐加爾各答總領事館予以關照協助，惟酌借旅費一節，因經費拮据，駐外各館均無餘款，應請自行籌匯等由。查石玉貴同志等現仍滯留印度無款返國，如由本局購買外匯撥寄，須經數月緩不濟急。擬請鈞座准予電飭駐印度之中國銀行墊借旅費，俾石同志等七十八人早日返國，以免久羈印度。可否謹請鑒核示遵。

〈革命文獻—政治：邊務（一）〉，《蔣中正總統文物》。

6. 毛人鳳函葉公超為國防部保密局由新疆撤退人員由石玉貴領隊乘輪赴港請代為協助使及早來臺（1950年1月17日）

公超部長賜鑒：

本局由新疆撤退人員，承蒙貴部轉電印度羅大使多方協助，已於去（卅八）年十二月卅一日由石玉貴領隊乘英輪大利亞號離加爾各答，約於本（元）月十三、四日左右抵達香港。因局勢轉變，恐被留難，敬請貴部賜電我駐港之郭特派員德華設法協助，使該批人員及早來臺。至紉公誼，並附由郭特派員轉石玉貴電稿一件，亦請代為譯發為感。崇懇敬頌崇祺。

晚毛人鳳拜上
元月十七日

電稿。

香港郭特派員德華先生請轉由印乘英輪大利亞號赴港之石玉貴兄勛鑒：函電均悉，兄等抵港後，希速請郭特派員協助盡速來臺，入臺證無問題，離港前將所乘輪名及到臺日期與在何港口靠岸等電局，以便迎接。除函請外交部電郭特派員賜予協助外，特復。

毛人鳳
子銑午臺

〈救濟滯留印巴之新疆撤退人員返臺（一）〉，《外交部檔案》。

7. 葉公超致毛人鳳箋函已遵囑飭香港特派員郭德華協助石玉貴等早日來臺（1950 年 1 月 18 日）

人鳳局長吾兄勛鑒：

關於石玉貴等經港來臺事，本月十七日函及所附電稿均誦悉。本部已將該電拍由郭特派員轉交，並飭其協助石玉貴等早日來臺。特復，即頌勛綏。

葉公超敬啟

〈救濟滯留印巴之新疆撤退人員返臺（一）〉，《外交部檔案》。

二、蘭新軍民

1. 劉澤榮電外交部部次長乞電知駐印巴使領協助馬呈祥、葉成、周昆田等一行（1949 年 9 月 25 日）

第 487 號。25 日。

廣州外交部部次長鈞鑒：

月來戰事緊張，新省與內地交通停止，又無飛機，因此久欲赴內地者，如馬軍長呈祥、葉軍長成、羅師長恕人、蒙藏委員會周副委員長昆田、省政府秘書長王曾善等，攜同眷屬、隨員一行約 50 人，已於本日起程，取道印度、巴基斯坦。除馬軍長一行十餘人赴麥加朝汗外，餘均赴穗。職已照長官公署指示發給護照，務乞鈞部電知駐印巴使領，轉請印巴兩國政府迅電兩國駐喀什噶爾領事館發給簽證，並飭兩國有關地方當局沿途保護與協助，無任盼禱。

職劉澤榮

〈救濟滯留印巴之新疆撤退人員返臺（一）〉，《外交部

檔案》。

2. 國防部致外交部公函為新疆赴巴基斯坦人員葉成、周昆田等三十八人請匯款救濟案函請查照由（1949年11月16日）

一、據本部侯廳長案呈貴部十一月四日機字第五五八號收電，為駐印大使羅家倫電以新疆葉成、周昆田等卅八員已抵巴基斯坦邊境，請速電匯款救濟等由。

二、除已由本部電匯美金壹萬元，撥由駐印羅大使收轉外，相應函請查照，並電知羅大使為荷。

兼部長閻錫山

〈救濟滯留印巴之新疆撤退人員返臺（一）〉，《外交部檔案》。

3. 羅家倫電葉公超為新疆赴巴基斯坦人員需機船兩費務乞立匯（1949年11月22日）

第廿四號。廿二日。急。

重慶外交部葉部長公超兄：

接巴基斯坦高級專員急件，新疆人員約二百五十名在GILGIT，除巴政府派軍用機運巴京外，冬季無法通過，機費需款一萬八千，加巴京經印度回國費兩共約美金二萬。印度政府苛刻，要本館擔保彼等過第一艘船即回國，方允過境，忠貞人員斷難任中途凍餓流落，謂國體人命，務乞閣院長立匯五萬元，又前電所匯一萬並未到。

弟羅家倫

〈救濟滯留印巴之新疆撤退人員返臺（一）〉，《外交部
檔案》。

4. 外交部駐臺灣特派員公署致外交部代電空軍駐蘭州供應中隊隊員轉由巴基斯坦返國希轉飭協助（1949年 11 月 26 日）

外交部鈞鑒：

頃准空軍司令部本月廿一日函開：「一、茲據成都本
軍第三軍區徐司令煥昇十一月十四日電稱，前本軍駐
蘭州 254 供應中隊長英占敖、副中隊長鄭景燮，因西
北局勢突變，該員等轉移由西北轉達巴基斯坦。二、
擬請貴部轉達駐巴基斯坦領館賜予方便，並希能協助
該員等早日返國」等由。准此理合呈請察核轉飭駐印
大使館查照辦理。

駐臺灣特派員公署印
寢

〈救濟滯留印巴之新疆撤退人員返臺（一）〉，《外交部
檔案》。

5. 羅家倫呈蔣中正新疆退出人員陸續入印度、巴基斯坦國境由其交涉就緒（1949 年 11 月 30 日）

總裁鈞鑒：

自廣州聆訊後，國事日非。鈞座憂勞，吾儕悲憤，回天
無力，涕淚沾巾。惟望二十年來潛伏之毒瘤、腐蝕之惡
菌，一旦割除淨盡，以待新肌滋長。赤惡務盡之昔訓，
今愈理解其不誣也。惟我自身亦須有深切之反省，務從

民眾基礎上做起，勿以為凡屬反共者，均屬同志，可以
兼容兼包；凡民之所惡者惡之，無避親仇，即有枉曲，
在此大政略之下，亦不必代為計量。非從新換過作風，
實不足起信立威。拯救民族於異邦奴役之下，而同時給
民眾以向上生活之具體辦法，以一目標，乃為當前之無
上要義也。

鈞座明察，必能迅以圖之。印度忘恩負義，虛矯凌人，
將自食其報。彼之承認中共偽政權，為期不出一個月。
彼如承認，我將絕交撤館，以倫見解，屆時我仍本中國
「君子絕交，不出惡言」之古義，不以怒罵相向，而
作促彼反省與後悔之詞。因彼在地理上仍為我復國運
動之交通線，且新疆退出人員，恐將不能經過該國，
故將來秘密聯絡員之設置，恐有必要。如鈞座同意此
點，可囑外交部即為注意，或可在倫未離此地時，先
有所接洽與布置也。

茲有一緊急事件奉瀆，即係新疆撤退人員過印度及巴基
斯坦遣送回國問題。現在不干為不義而屈，退出新疆之
人員及眷屬，尚無確實統計（因隨時增加之故），約已
達四百餘人。其中約十餘人已到德里，一百三十餘人明
日可由巴基斯坦入印度境，四十餘人在巴基斯坦京城，
聞尚有二百五十餘人在巴境以北希馬拉亙山區之中。
（今日又接情報謂麥斯武德、艾沙、伊敏等一行七十餘
人，由新疆葉城逕赴印度列城，尚未證實。）關於彼等
入印巴國境手續，均由倫迭次交涉就緒，但印度僅許彼
等在印境一個月，即由我方遣送回國，且須大使館擔保
其在印度生活費用，此其一也。彼等大多數到印度邊

界即無餘錢，須為籌長途火車費，赴加爾各答候船回國。車船兩費，分文無著，此其二也。其在巴境山區之二百五十人，巴政府來文，認嚴冬無法再進，該政府願派飛機往接，但機費即須一萬美金以上，此其三也。倫迭電行政院告急，至今無分文寄到，而此間忠貞不拔之士，即有凍餒流落之虞（高級人員尚有辦法，中下級人員乃真束手無策者），為此只得請求總裁以大仁大德之精神，為國家民族保持元氣，維繫邊疆人心，即予賜撥美金五萬元，匯加爾各答中國銀行轉交，當實報實銷，務期一絲一毫用在受難者之身上。遲恐承認問題發生，欲救不及。專此代為呼籲，敬乞察而憐之！敬頌鈞安。

職羅家倫敬肅

十一月三十日

新德里

〈革命文獻—政治：邊務（一）〉，《蔣中正總統文物》。

6. 葉公超致胡慶育代電據羅家倫報稱蘭新軍民撤退尚餘二百五十人尚在巴基斯坦邊境亟待遣送請即就近向國防部催詢洽辦（1949 年 12 月 6 日）

胡次長慶育兄：

據駐印度羅大使報稱，由蘭州、新疆撤退之中上級軍官及眷屬約四百五十人，內二百人已經巴基斯坦，先後到達印度。餘二百五十人尚在巴基斯坦邊境，該員等步行數月，均為忠貞不拔之士，衣物蕩然，生活維艱，亟待遣送回國，遲恐無法通過印境。經電國防部閻兼部長迅撥盧比十五萬，電匯駐印度大使館，尚請吾兄就近向國

防部催詢，並將洽辦電復為荷。

弟葉公超

亥魚

〈救濟滯留印巴之新疆撤退人員返臺（一）〉，《外交部
檔案》。

7. 羅家倫密電葉公超乞促匯款並電印度、巴基斯坦速允簽證（1949 年 12 月 7 日）

葉部長：

極密。六日電敬悉。

1. 新疆救濟費，惟兄有此熱忱，感佩。因承認期迫，務乞促財長十五日前匯到該款，由紐約中國銀行留轉，逕電本人設法提取，不經加爾各答中國銀行，以防凍結。

2. 已到馬呈祥、葉成二百餘人，擬過香港回臺灣，印巴未得香港同意不允簽證，致有旅費停留消耗，務乞交涉，請其即電印巴速簽，乞電復。

羅家倫

亥虞

〈救濟滯留印巴之新疆撤退人員返臺（一）〉，《外交部
檔案》。

8. 羅家倫密電外交部轉呈蔣中正新疆退出人員陸續入印度、巴基斯坦國境由其交涉就緒（1949 年 12 月 12 日）

急。

臺北外交部：

密。轉總裁鈞鑒：新疆人員到約三百，僅少數高級人員
經濟尚能支持，中下級則痛苦萬狀，迭電告急，未接分
文，倫為借墊，已告無法，乞鈞座速飭電匯美金三萬或
盧比十五萬，說明交倫統籌支配，注重中下級人員遣送
回國，款項立寄，遲恐印度承認中共，倫須離開，忠貞
同志更無保障，迫切待命。

羅家倫

批示：應先由俞局長在臺行速借美金三萬元，立即電匯
羅大使。勿延。

〈西藏問題（五）〉，《蔣中正總統文物》；〈革命文獻一政治：
邊務（一）〉，《蔣中正總統文物》。

9. 羅家倫密電蔣中正、閻錫山請示印度承認中共及我方將撤館但新疆撤退人員應如何處置（1949 年 12 月 13 日）

第八號。13 日。即刻到。

臺北外交部：

極密。並轉呈總裁、閻院長鈞鑒：印度承認共產黨後，
我將撤館，但新疆撤退人員等事，決非短期內可了。印
度為交通孔道，無人秘密聯絡照拂，將來關係全斷，共
產黨操縱，

（一）我方同志必受危害；

（二）無直接情報；

（三）復國運動聯絡受障礙；

（四）非共產黨華僑無保障。

倫與印度某有力方面秘密接洽，可留秘書一、二人為秘
密聯絡員，彼方願予保護及便利。此事對我有利，所費
不多，機會不易，請速決定，五日內電示。絕對秘密。

羅家倫

〈革命文獻—政治：邊務（一）〉，《蔣中正總統文物》。

10. 羅家倫復函薛鎦森勉繼續照料由吉爾吉第撤退人員 （1949 年 12 月 13 日）

留生弟惠鑒：

手示均奉悉。為新疆撤退人員之事，勞弟久羈在外，諸
多勤苦，甚為不安！倫可以慰弟即迭接彼等來函，對弟
之工作及態度，均表示誠心之感激，此亦精神上之慰藉
也。星期一匯上五千盾時，文開兄云：「館中共只七千
餘盾存帳，本館亦須救濟」云云。然倫囑其毅然匯出
者，亦正如弟臨行時，倫告弟：「我們情願自己痛苦，
以減少他人痛苦」之意也。現在加城有一艘招商局輪，
名麟閣可到，已急電鄭總領事設法留住，備撤退人員乘
坐，因此請催彼等即行，弟留待吉爾吉第人員過完，自
不可能；如能看韓克溫同志等過完，則亦甚盼。希望一
切能於本星期五辦了，其餘或留彼等一領隊照料，究竟
吉爾吉第有多少人，則言人人殊，但決無二百五十，弟
可向後到者詳詢見告。府上去過二次，約尊夫人來陪韓
德生夫婦一次，大小安吉，望釋念。此頌旅祺。

家倫啟

十二月十三日

《羅家倫先生文存》，第七冊函札，頁 282-283。

11. 葉公超呈閻錫山關於新疆退出人員之旅費事轉呈羅家倫來電請鑒核飭辦（1949 年 12 月 17 日）

頃據駐印羅大使本月十二日電稱：「新疆退出人員到巴邊境二批一〇二人，大概葉成、周昆田、劉漢東、馬呈祥在內，尚未能與直接聯絡。頃訪巴專員，彼允力助，請報告閻院長即速電匯美金二萬元，救彼等急。又國防部石玉貴電請轉電保密局毛局長謂，同志連眷六十八人已到，三十四人在途，速寄款並指示」等情。除關於保密局人員之費用事，已轉請國防部核辦外，理合呈請鑒核飭辦。

謹呈行政院院長閣。

外交部部長葉公超謹呈

〈救濟滯留印巴之新疆撤退人員返臺（一）〉，《外交部檔案》。

12. 蔣中正密電羅家倫已由央行電匯美金三萬元以資助到印度之新疆人員返國盼希即統籌支配（1949 年 12 月 19 日）

駐印度大使館羅大使：

密。十二日電悉。頃由中央銀行電匯美金三萬元，作資助過印之新疆人員返國用費，希即統籌支配。

蔣中正

〈革命文獻—政治：邊務（一）〉，《蔣中正總統文物》。

13. 臺灣省防衛司令部致外交部代電請轉電羅家倫協助退入印境胡宗南所部（1949 年 12 月 22 日）

一、據本部作戰處上尉參謀郭琨報稱：「

　　一、職兄郭佩德原任胡宗南部九十一軍一九一師少將副師長，於蘭州轉進至敦煌後餘所部一千餘人，游擊於敦煌與卡恩盆地間之喀薩克。近以匪眾圍攻，聞已逃至新疆與印度之間喀喇崑崙山口附近者數十人。

　　二、職前往外交部交涉，彼認為先由本部去一代電辦理上較為方便，用特呈請鈞座准予電請外交部，轉電駐印羅大使家倫請其辦理如下各件：

　　　　1. 向印當局交涉准職兄入印境，並協助其來臺北；

　　　　2. 如已入印境，即請其代辦各項手續來臺；

　　　　3. 經濟上予以援助事後歸墊；

　　　　4. 轉知職兄向臺北防衛部與職取聯絡。

　　三、隨附職兄年籍表一份。

　　呈請鈞核」等情。

二、敬請貴部轉電駐印羅大使，賜予協助為荷。

兼司令官孫立人

〈救濟滯留印巴之新疆撤退人員返臺（一）〉，《外交部檔案》。

14. 駐加爾各答總領事館電外交部部次長為辦理救濟及 遣送自新撤退人員回國事宜所有工作人員均須暫留 （1950 年 1 月 7 日）

外交部部次長鈞鑒：

本館自印度政府承認偽政府後業已閉館，對外工作雖經停止，惟自新撤退人員源源抵此，辦理救濟及遣送回國事宜，甚為緊張。迄至本月十日止，遣送四批人員共 175 人。據報新疆人員及胡宗南部隊為數頗多，當在途中。本館所有工作人員均須暫留，請照撥本館公費、薪勤費，至遣送工作完畢時為止。除呈報大使館外，乞鑒核示遵。

駐加爾各答總領事館

〈救濟滯留印巴之新疆撤退人員返臺（一）〉，《外交部檔案》。

15. 外交部電羅家倫新疆人員遣送事准交印度紅十字會 接辦救濟各款應從速報銷（1950 年 1 月 16 日）

駐印羅大使：

第 33 號電悉。第 39 號部電計達。

（一）新疆人員遣送事，准俟執事離印時，交印度紅十字會接辦，惟應先與該會商定具體辦法，並應設法使該等人員獲悉此事。

（二）救濟新疆人員費拾伍萬盾款暨西藏人員救濟費特款叁萬餘盾，准撥交印度紅十字會，並暫准在中國銀行提款內撥五萬盾，併交該會，統作招待及遣送新疆人員之用。

（三）上述各款，由執事及該會經手部分，均應從速
報銷。

（四）上述遣送事既將由該會接辦，駐加爾各答總領
館應於本月底完全結束，經費亦發至一月份為
止。本部已另電該館。

希遵辦具報。

外交部（歐）

〈救濟滯留印巴之新疆撤退人員返臺（一）〉，《外交部檔
案》。

16. 張立齋等分函蔣中正、閻錫山、葉公超為一行十餘人顛險流亡至巴基斯坦現擬去巴京搭船至菲再行返臺懇請連絡協助（1950 年 1 月 18 日）

介公總裁、百川院長、公超部長鈞鑒：

此次華北、西北戡亂失利，立齋等一行十餘人分自北
平、蘭州、疏勒、蒲犂等處流亡至巴，於客歲歲杪
二十八日抵拉合爾邑，流離困窘，備嘗艱辛，承蒙巴境
官民以及僑胞多方關垂，本擬自拉邑轉印返國，曾於客
歲末函請德里羅大使惠予攜助。不意於本年元旦印方驟
然宣佈承認偽權，羅使徑返，立齋等以偽使在印，通過
不便，近擬由拉去巴京克拉齊，搭船至菲再返臺府，但
數月流亡，資斧早竭，所攜衣物亦已罄售，又恐英、巴
如步印府後塵，則立齋等行止生存皆極可慮，是以仰企
鈞座迅賜接濟，庶我輩流亡借道菲境返國。至於接繼辦
法，如以中巴兩國素無使節，可否懇請鈞座與駐巴府美
領連絡，轉墊航費去菲再行返臺，不然淪落異邦，亦非

鈞座胞與為懷之素志。且一般流亡皆叨素國家養育之
德，此次不避萬苦，輾轉逃出鐵幕，不貳其守，不忘黨
國，甚如立齋一家則老母途喪，其餘亦餐風臥雪，顛險
屢經，幾死者數，但無不切齒共匪，亟欲遄返祖邦，再
圖效命。若鈞座不加垂顧，則立齋等生路已至淒絕慘極
之境，有不忍言者矣。是以敢企垂注，即為設法。臨啟
不勝，翹企待命之至。此祝政祺。

張立齋　楊錫霖　徐漢祥　趙子璋

柴國順　賀子戈　朱文琳　郭振民

劉俊榮　劉　基　張鶴鵬　高永昇

玖陸捌壹謹啟

巴基斯坦拉合爾黃松生先生轉

〈救濟滯留印巴之新疆撤退人員返臺（一）〉，《外交部
檔案》。

17. 葉公超致黃少谷箋函關於張立齋等請救濟返國事（1950 年 1 月 31 日）

少谷秘書長吾兄勛鑒：

關於前北大教授張立齋等自巴基斯坦函呈總裁，懇予救
濟，以便返國一事，本月廿四日華翰敬悉。查張立齋等
近曾連呈本部，請予救濟。本部當於本年一月十九日急
電駐印羅大使查明酌辦。嵩專佈復，即頌勛祺。

弟葉公超拜啟

〈救濟滯留印巴之新疆撤退人員返臺（一）〉，《外交部
檔案》。

18. 行政院致外交部代電為辦理救濟甘新撤退人員權准羅家倫將餘款移交印度紅十字會並按照所商辦法支用報銷（1950 年 1 月 31 日）

外交部：

據該部臺外 39 歐一字第四一二號呈稱，關於救濟滯留印巴兩國之甘新撤退人員並協助其返國一案，本部曾迭將有關情報及處理情形呈報鈞院鑒核在卷。自印度政府承認中共偽政權後，本部已令飭駐印大使館、駐加爾各答總領事館及駐孟買領事館閉館撤退，但為使該批甘新撤退人員得在我政府官員就地照料之下，早日順利返國起見，特飭駐印羅大使及駐加爾各答總領事館盡最大可能於其撤離印度前，對該批人員之遣送事宜，作最妥適迅捷之處理。茲據羅大使本月十四日電稱：「（一）新疆人員陸續來，無人問將不堪，商得印度紅十字會同意，倫去後由彼主辦，並將餘款移交該會最妥；（二）艾沙、伊敏四十六人已到印度，胡部官佐數十人在途，款不足，請准在提款時撥五萬盾；（三）西藏救濟費餘剩三萬餘盾，真窮者已回國，且淪陷共區，留此者多寬裕，本周急不濟富原則，請准將該款撥交紅十字會，務請當日核示電復」等情。本部以羅大使所稱，無法於其撤離印度前，將該批人員遣送完畢暨所存救濟費不足二點，係屬實情，並為爭取時間，免誤事機起見，即於當日電復羅大使權予指示如下：

（一）新疆人員遣送事，准俟羅大使離印時，交印度紅十字會接辦，惟應先與該會商定具體辦法，並應設法使該批甘新撤退人員獲悉此事；

（二）已撥之救濟甘新人員費拾伍萬盾餘款暨前撥之西藏撤退人員救濟費餘款叁萬餘盾，准撥交紅十字會，並可暫在所提我政府存加爾各答中國銀行之公款內提出伍萬盾，併交該會，統作招待及遣返新疆人員之用；

（三）上述各款由羅大使及該會經手部分，均應從速報銷。

查上述「西藏撤退人員救濟費餘款叁萬餘盾」，係鈞院前為救濟去年被西藏當局勒返出境之駐藏中央人員所撥交羅大使之救濟費之餘存部分，又「所提我政府存加爾各答中國銀行公款」，係羅大使最近奉命向加爾各答中國銀行提出保管之中央銀行等機關之存款。此二項款原應先經鈞院核准，始能留用或動支，惟因羅大使離印在即，而此後委託印度紅十字會代辦該項遣返事宜，亦須先行撥付充足經費備用，故本部獲准羅大使，將該項條款叁萬餘盾及所提公款五萬盾撥交印度紅十字會。按照羅大使與該會所商定辦法支用，並飭將支用各款報銷。此事自應呈請鈞院，體察實情，予以追認。以上本部辦理救濟甘新撤退人員事宜暨權撥需用經費情形。理合備文，呈祈鑒核示遵等情。查該部因辦理救濟甘新撤退人員，權准羅大使將該項款數叁萬餘盾及所提公款伍萬盾，權交印度紅十字會，按照所商辦法支用報銷一節，應准照辦。除分行外，特電知照。

行政院
世歲庚印

〈救濟滯留印巴之新疆撤退人員返臺（一）〉，《外交部

檔案》。

19. 鄭壽恩致外交部部次長代電報告辦理新疆人員救濟事宜近況（1950 年 2 月 6 日）

部次長鈞鑒：

竊查本館奉令於本年一月底結束閉館，而關於新疆撤退人員救濟事宜，業經羅大使交由新德里當地印度紅十字總會辦理在案。惟本館以該項工作尚未辦理完竣，本貞忠奉公主義，每日仍正在辦理新疆撤退人員最後抵達加爾各答第五批、約五十六名救濟事宜，曾迭向各輪船公司交涉，婉為商洽。後經決於本月九日開往香港之英商鴨家輪公司輪船沙丹拿號，預定遣送該第五批人員歸國，至其他現在陸續來印人員，自應聽候該紅十字總會予以救濟。又據新疆撤退人員王曾善、孫敬先君（現滯留巴基斯坦）等領隊來函報告，尚有滯留巴基斯坦及中、巴、印三國邊境撤退人員為數頗眾。因印度駐巴基斯坦專員，以該批人員尚未領有護照，不准予以簽證過境來印等情，且本館經迭接該批滯留人員函電，交迫深請護照者有之，及請求撥款救濟者亦有之，但本館奉令前因，加以館員指日遣散或歸國，無從予以辦理，至為憾事。再當地報載，略以現有前新疆副主席鮑爾漢（BURGRA）（伊敏副主席之誤）抵達新德里，據報新疆撤退人員六百名，仍陸續避難來印。擬請求當地政府及其他友邦予以救濟等情。理合檢同該剪報二則，隨電附呈，敬乞鑒核為禱。

駐加爾各答總領事鄭壽恩叩

丑魚

附件。

〈救濟滯留印巴之新疆撤退人員返臺（一）〉，《外交部
檔案》。

20. 鄭壽恩致外交部部次長代電電送新疆第五批人員名單（1950 年 2 月 8 日）

部次長鈞鑒：

本月八日英商鴨家輪公司輪船沙丹拿號（S. S.
Sirdhana）開往香港，本館辦理遣送新疆撤退人員第五
批，計大人四十六名、小童七名，合共五十三名。經於
該輪啟行時，遣送歸國，並奉羅大使諭，每名已另發給
由香港至臺北旅費，大人印幣壹佰貳拾盾，小童折半在
案。除將該批人員總名單一份，交由韓克溫君自行帶臺
外，並每人另發給證明書一紙。理合檢同該批人員總名
單一份，隨電附呈，並乞轉行有關機關，予以入境放行
為禱。再尚有七名（其中小童一名）因事未及趁此班輪
船歸國，亦業已發給由加爾各答前往香港船票費印幣貳
佰貳拾盾，及由香港到臺北旅費印幣壹佰貳拾盾（小童
折半），聽由自行歸國矣。合併陳明。

　　　　　　　　　　　駐加爾各答總領事鄭壽恩叩
　　　　　　　　　　　　　　　　　　　丑齊

附件。

附註：最後第五批實共六十名，內有楊為等大人六名、
小童一名共七名，因事未及趁此班輪船歸國，每人經發
給前往香港船票費印幣貳佰貳拾盾，及由香港到臺北旅

費印幣壹佰貳拾盾在案（小童各費折半發）。

〈救濟滯留印巴之新疆撤退人員返臺（一）〉，《外交部
檔案》。

21. 外交部電鄭壽恩希迅即調查由新疆撤退人員列冊報部（1950 年 2 月 18 日）

致加爾各答鄭總領事：

查由新疆經印撤退返國官員眷屬等，在加爾各答候輪
者，據報尚有六百餘人擬租輪來云云，希執事對返國
人員，詳密調查，以免冒濫及奸匪混入，並分姓名、
年齡、籍貫、性別、原屬機關部隊及考語等項，列冊
航寄本部，以來臺灣省政府核發入境證之參考，希迅
即辦理為要。

外交部歐

〈救濟滯留印巴之新疆撤退人員返臺（一）〉，《外交部
檔案》。

22. 鄭壽恩致外交部部次長代電電呈新疆撤退人員證明書二十份乞轉行查驗核發入境許可由（1950 年 3 月 6 日）

部次長鈞鑒：

查新疆撤退人員，現仍陸續經巴基斯坦來印度者，不乏
其人，除趙子璋等十一名，已抵加爾各答，業由本館將
所存新疆撤退人員救濟費剩餘款項內，照前例每名撥發
旅費印幣五百盾外（請參閱前電報告在案），並每人發
給證明書一紙，擬於本月八日啟行之英商鴨家公司輪船

勝高刺號遣散歸國，其他至留巴境請求發給證明書者，
亦已援例發給。理合檢錄該證明書二十份，隨電附呈，
敬乞轉行有關機關查驗，核發入境許可為禱。

駐加爾各答總領事鄭壽恩叩
寅魚

附件。

〈救濟滯留印巴之新疆撤退人員返臺（一）〉，《外交部
檔案》。

三、新疆省政府人員

1. 廣祿、阿不都拉致閻錫山函為麥斯武德等率軍民抵達克什米爾請速飭予慰問協助遣送（1949 年 11 月 26 日）

百公院長：

此次新疆事變前主席麥斯武德及堯羅博士、艾沙、伊敏
等會同軍事將領數人，率領軍民數百人不甘附逆，自匪
黨鐵蹄之下逃出，備嘗艱險。現已抵達喀什米爾省拉達
地境內，除其中五十餘人已到達喀拉蚩外，其餘多數官
民尚困滯於冰天雪地之新喀邊境之一小鎮，衣食住行均
感困難。查此輩皆係忠貞愛國、深明大義之士，應請政
府予以有效拯救，以慰效忠祖國之心，並籌善後方法，
予以安置。因請院長速賜電令駐印大使，即刻派人前赴
彼等滯留地方慰問招待，設法遣送回國，或由中央派專
員前去辦理一切，實深盼禱。專此，敬頌公綏。

新疆籍立委廣祿、阿不都拉

〈救濟滯留印巴之新疆撤退人員返臺（一）〉，《外交部

檔案》。

2. 中國國民黨總裁辦公室分致閻錫山、葉公超代電接新疆籍立委廣祿等函請政府派員前往接待新疆人士逃難巴基斯坦者請查照（1950 年 1 月 16 日）

行政院閻院長、外交部葉部長勛鑒：

茲接新疆籍立委廣祿、阿不都拉元月四日函，以此次新疆事變後，新疆人士逃難巴基斯坦者，已有四百餘人，皆為反共抗俄之忠貞份子，擬請政府選派熟悉邊情及印巴國情人員數人前往接待等語。查由新疆退至印巴之人士，前已撥羅大使家倫盧比十五萬盾，請其協助救濟有案，據出前情，除以另電有關人員就近設法協助等語函復並分電閻院長外，特抄送廣祿委員等原函電請查照。

中國國民黨總裁辦公室

利子銑印

附件如文。

抄件。

總裁鈞鑒：

敬陳者，此次新疆事變後，新疆人士逃難巴基斯坦者，聞已有四百人之多，其中另已到喀拉蚩者，另仍困留新巴邊境者，有係中央選派西北之幹部，另係地方優秀之官民，要皆為反共抗俄之忠貞份子，為西北邊政不可多得之人才。今雖蒙政府在財政萬分困難之際，匯出巨款以資接濟，並命羅大使就近協助解決其困難問題，但逃難之人士既多，志向未必全同，且彼此間之關係亦甚微

妙。大使館如不詳悉內情而不予分別安排，則恐事倍功半，致失政府體恤遠人之原意。現駐印大使館又將撤退，更恐照料無人，再在巴基斯坦毗連新疆、西藏，與我關係密切，自其立國以來，向對我國表示敦睦之意，此次新疆逃難之人皆蒙其政府殷勤招待，並對彼等反對抗俄之種種表示敬佩，此次其對我之友好態度可以概見。今值印度政府背信忘義，不惜犧牲與我之邦交，而遽予承認共匪之際，更應與巴基斯坦取得聯繫，以資奧援，因擬請政府選派熟習邊情及印巴國情人員數人，前往巴基斯坦，一面接待由新逃巴之人士，俾保留規復新疆之基本力量，並藉與巴基斯坦政府促進邦交，以為將來建立外交關係之根本。一得之愚，是否有當，尚乞鑒核。專此，敬請崇安。

新疆籍立委廣祿、阿不都拉

〈西藏問題（五）〉，《蔣中正總統文物》；〈救濟滯留印巴之新疆撤退人員返臺（一）〉，《外交部檔案》。

3. 廣祿、阿不都拉、海玉祥呈蔣中正乞飭令中央銀行由新疆省存款或其利息中撥發新疆省旅臺同鄉聯誼會（1950 年 1 月 21 日）

總裁鈞鑒：

敬陳者，前因新疆省旅臺同鄉二十餘人，衣食住行皆成問題，顛沛情形殊難言狀故由，祿等曾分別函請行政院暨財政部，飭令中央銀行由新疆省政府存儲該行四十八萬元美金項下撥發美金一萬元，以便為彼等解決目前生活之困難，而免流落。嗣承關部長面告，此款依據法律

手續未便提付等語。法律手續自應顧及，但實際上之困
難，亦須設法解決。新疆省之錢用在新疆人民身上，自
無不合之處。茲據日前由新逃出來臺之新疆蒙族國大代
表海玉祥言，新疆本省人士數十人現滯印度，不久亦將
來臺。查此等不辭跋涉萬里之苦，而投奔中央，足證其
忠黨愛國之至誠。如不事先為之籌備安置，深恐到臺之
後，居住生活不獲安定，而致灰心失望。因乞總裁飭令
中央銀行，由新疆省存儲該行四十八萬元美金項下，或
由其存款利息中，撥發新疆省旅臺同鄉聯誼會美金二萬
元，以便為已在臺者及為即將來臺者，解決長期之生活
問題，而免流落，俾固邊人向內之忱。是否有當，伏乞
核示遵行，專肅敬請崇安。

新疆籍立法委員廣祿、阿不都拉
新疆籍國大代表海玉祥

〈西藏問題（五）〉，《蔣中正總統文物》。

4. 行政院致中國國民黨總裁辦公室代電為廣祿等請政府選派熟悉邊情及印、巴國情人員前往接待似無必要由（1950年1月28日）

總裁辦公室勛鑒：

子銑代電暨附件均敬悉。新疆立法委員廣祿等請政府選
派熟悉邊情及印巴國情人員數人前往接待撤往巴基斯坦
之新疆人員一案，經飭據外交部復稱：「查由甘肅及新
疆撤往巴基斯坦之政府人員，早經本部令飭駐印大使館
及駐加爾各答總領事館妥予照料，並經鈞院准撥救濟該
等人員經費盧比拾伍萬盾，交駐印羅大使統籌支配。現

該等人員中，已有數批在我駐印使領館協助之下，由巴經印安全返國。其尚留印巴境內者，亦正由各該館妥予照料，設法遣返。近自印度政府承認中共偽政權後，我駐印使領館均已關閉。惟本部為使該等待遣人員均得在各該館照料之下順利啟程返國起見，已飭各該館於撤離印度前盡速趕辦該等人員之遣送事宜，並依駐印羅大使所請，准予該大使館離印時，將上項接待及遣送事宜委託印度紅十字會，按照預先商定辦法，繼續辦理，同時權准增撥所需救濟經費。以上各情，業經本部於一月廿一日以臺外39歐一字第○四一二號呈專報鈞院在卷。羅大使對於該等人員之此後接待及遣送事宜，既已作上述之適當布置及準備，現新疆籍立法委員所建議之選派熟習邊情及印巴國情人員前往接待一節，似無必要」等情。查核所呈各節，尚屬實在，特電請查照轉陳為荷。

行政院

子儉丙印

〈西藏問題（五）〉，《蔣中正總統文物》。

5. 馬步芳函蔣中正請救濟自新疆逃印度之艾沙等新省政府人員（1950 年 2 月 3 日）

總統蔣鈞鑒：

謹肅者。頃據新疆省政府前秘書長艾沙由新德里來函云，伊等此次為表現革命氣節，間關出國，在新疆邊境被邊卡部隊搶劫一空。所遭受之侮辱與艱苦，筆墨實難形容。至生活方面，現已成最嚴重之問題，懇請轉呈中央速為救濟，並請今後如何工作等情。查艾沙在邊疆服

務，成績卓著，有口皆碑，此次不甘附逆，其愛黨愛國
之精神，實足令人可欽可嘉。而艾沙所帶出之人員，均
為新疆最優秀之青年，若不予以救濟，對愛國者無以昭
彰，實為寒心。伏懇鈞座賜予救濟，並請飭新德里羅大
使關照，則將來處理新疆不以為失人才而生掣肘也。肅
此，敬請鈞安。

職馬步芳謹呈

二月三日

〈西藏問題（五）〉，《蔣中正總統文物》。

6. 內政部致外交部公函奉行政院交辦艾沙請予救濟一案函請派員來部會商由（1950 年 2 月 27 日）

准行政院秘書處通知單，以前新疆省政府秘書處艾沙函
陳撤退經過情形，附送名單，請予救濟一案。奉院長諭
交內政部會同有關機關，迅予核辦具報。檢送原函及原
名單通知到部，自應遵辦。相應摘抄原函，請予救濟要
點一份，函請查照，指派高級主管人員，於三月二日星
期四上午九時來部會商核辦為荷。此致外交部。附送艾
沙原函請予救濟要點一份。

艾沙原函請予救濟要點一份

（一）艾沙、伊敏率領由迪化撤至斯林拉佳之四十
　　　餘人。

　　　1. 中央按月發給每人一定之生活費（或）。

　　　2. 一次發給每人相當數目之救濟費藉作生活
　　　　 之本。

（二）對其他公務人員（五十餘人）分別酌予救濟。

（三）已撤退至印、巴兩國及麥加等地之一般人員（五、六百人）。

　　1. 在人數集中之地，籌設學校，收容失學兒童，教師由撤退人員中遴選，經費除勸募外，由中央按月補助。

　　2. 人數不多、不能自辦學校者，子女送當地學校就讀，無力付學費者，由中央補助。

　　3. 一般有知識技能、欲再求深造而無經濟能力之青年，由政府補助，使之就地繼續學習，或由政府公費遣送歐美、土耳其留學。

　　4. 有特殊技能、欲經商耕地而缺乏資本，由政府給以適當之貸款，俟經營獲利、生產有餘時付還之。

　　5. 老弱殘廢不能自謀生活者，由政府予以長期救濟。

（四）艾沙個人計畫

　　1. 在印度恢復出版報刊譯本，翻譯書籍，請中央予以補助。

　　2. 號召居留印、巴兩國及麥加等地之同鄉，組織新疆旅外同鄉會總會。

（五）擬組織回教國家訪問團，宣傳反蘇抗共國策，爭取友邦援助，請中央核發經費，以便實行。

〈救濟滯留印巴之新疆撤退人員返臺（一）〉，《外交部檔案》。

7. 內政部致行政院秘書處公函奉交核辦艾沙請予救濟
一案復請查照轉陳由（1950 年 3 月 23 日）

准貴處卅九年二月二十一日通知單，以前新疆省政府秘
書處艾沙函陳撤退經過情形，附送名單請予救濟一案，
奉院長諭「交內政部會同有關機關，迅予核辦據報」等
因。檢送原函及原名單通知到部，當經函准財政、外
交、教育三部及蒙藏委員會指派代表，於三月二日上午
九時，在本部會商決定：

（一）原送名單中，急待救濟之四十八人，由前駐印
　　　 羅大使家倫移交印度紅十字會之救濟甘新人員
　　　 費，及西藏撤退人員救濟費餘款項下，一次撥
　　　 發救濟金每人五百盾（該項餘款數目及動支手
　　　 續由內政部函詢羅大使）。

（二）其他一般人員之就學就業問題，及老弱殘廢救
　　　 濟問題，由僑務委員會函洽當地各華僑團體、
　　　 華僑學校，儘量協助解決。

（三）艾沙個人計劃出版報刊與組織新疆旅外同鄉會
　　　 總會兩項，補助經費三千盾（亦由上項救濟費
　　　 餘款內撥付）。

至組織回教國家訪問團一節，目前限於國家財力，暫緩
實行。俟將來局勢好轉，政府作通盤籌劃時，當通知加
入訪問團體，以宏宣揚等三點紀錄在卷，並經函請羅大
使查復上次辦法第一點救濟費餘款數目及動支手續去
後，尚未准復。又准貴處本年三月八日雜字第六〇號通
知單，以羅大使函陳前存駐印使館西藏撤退人員救濟費
美金一萬元餘款處置情形案，奉諭交部等因。查所陳西

藏撤退人員救濟費經移交印度紅十字會者，為印幣三萬盾，並指定為救濟新疆撤退人員及其眷屬之用，是本案商決撥發之救濟金及補助經費兩項，擬請由院電復艾沙，逕向印度紅十字會接洽，由該三萬盾內撥付，一面令羅大使函達該會查照，以資便捷。准通知前由，相應函復查照轉陳為荷。

此致行政院秘書處

部長余井塘

〈救濟滯留印巴之新疆撤退人員返臺（一）〉，《外交部檔案》。

四、國民黨駐甘新人員

1. 中國國民黨中央執行委員會致外交部代電請即電照料黨員馮大轟、韓克溫等二十人入印境並返國（1949年12月30日）

外交部公鑒：

查本黨在西北各省服務同志馮大轟、韓克溫等二十人，因新疆事變已撤退至 Lahore 邊境，擬請即電印度駐 Lahore 專員准予入境赴印，並分電羅大使家倫予以照料，俾得早日返國，相應電請查照見復為荷。

中央執行委員會
亥陷印

〈救濟滯留印巴之新疆撤退人員返臺（一）〉，《外交部檔案》。

2. 外交部致臺灣省政府警務處代電為請核准甘新撤退 人員韓克溫等五十六人先行入境補辦手續由（1950 年 1 月 14 日）

臺灣省政府警務處公鑒：

頃據駐印度羅大使一月十一日急電稱：「甘新撤退之中央黨部等機關人員韓克溫等五十六人，因無臺灣入口證，船公司拒售票，頃即洽准電發駐加爾各答鄭總領事，以便接洽」等情。查該批人員係於新疆事變後，輾轉逃往巴基斯坦及印度，備嘗艱辛。此等忠貞之中央人員，一部分已返抵臺灣，其餘仍滯留印巴，我政府亟須將其接運回國。現印度已承認中共，我駐印使領館即時撤離，此項接運事宜，尤刻不容緩。惟如該批人員照章分別先辦入臺手續，勢須相當時日，恐我駐印使領館一旦撤離，無人就地予以協助，爰擬請貴處先准該批人員入境，俟其抵臺時補辦入境手續。至於該批人員姓名及其他必要事項，本部當飭駐加爾各答總領事館迅即詳查彙報，並當於該批人員抵臺前，送達貴處。茲派本部歐陽專員中庸前往貴處接洽，亟希惠予洽辦立處，俾便復飭駐加爾各答鄭總領事即向船公司接洽購票為荷。

外交部歐

〈救濟滯留印巴之新疆撤退人員返臺（一）〉，《外交部檔案》。

3. 臺灣省政府警務處致外交部代電自甘新撤退之中央黨部等機關人員韓克溫等准予先行入境補辦手續（1950 年 1 月 20 日）

外交部公鑒：

臺外 39 歐一 0304 號代電敬悉。自甘新撤退已到達加爾各答並擬來臺之中央黨部等機關人員韓克溫等五十六人，應准憑加爾各答總領事館及原服務機關證明文件先行入境補辦手續。除通知各檢驗機關驗明放行外，特電復查照為荷。

臺灣省警務處

叄玖子警旅

〈救濟滯留印巴之新疆撤退人員返臺（一）〉，《外交部檔案》。

4. 羅家倫函賈景德懇轉呈加發韓克溫等經港轉臺費用（1950 年 2 月 17 日）

煜如秘書長勛鑒：

查新疆退經印度，由倫遣送回國人員中，有韓克溫處長第一隊約六十人，業由印度加爾各答上 SIRDANAH 輪船經香港回臺北。其由加赴港輪船票價，已令駐加鄭壽恩總領事付訖，並曾發給由港回臺北船票價計每人印度盧比一百二十盾（此據韓君函告），約合港幣一百四十元。現據韓君來函，知在港無直接回臺北輪船可搭，可搭亦須轉澳門，而在兩地候船，每日旅館費用甚大，船票亦因封鎖而漲。又據苗委員培成、姚委員大海函告，謂根據調查結果，由港經澳候船購票等費，每人約計港

幣六百元，以六十人約計，共需港幣三萬六千元（是否業已扣除前發之每人一百四十元，則請逕詢苗、姚兩委員為荷）。茲以原主辦人之資格證明在印所發經港轉臺費用，確實不夠；因事實變遷，確實有加發之必要。並懇轉呈院長，即予批發，以免此批忠貞人員及其眷屬流離異地，無任公感！專此，敬頌勛祺！

羅家倫敬啟

二月十七日

《羅家倫先生文存》，第七冊函札，頁 288-289。

第四章　印度承認中共與國府後方布置

第一節　亞太變局下印度對華態度

1. 駐印度大使館致尼赫魯備忘錄請贊助對韓國辦理選舉主張（1948 年 3 月 23 日）

韓國人民達成他們自由和獨立一事，對於世界和平有重要的關係。現在最不幸的是因為缺少韓國某些地區的合作，以致聯合國大會在一九四七年十一月十四日通過的第十一個議案中第二條所建議的選舉，至今不能舉行。聯合國韓國問題臨時委員會，這委員會是大會為便利和促進大會對韓各項決議案的實現而設立的，現將此項情況，向大會閉會期間的駐會委員會諮詢。

中國政府的意見是，既然當前在韓國某些地區舉行選舉有實際上的困難，而且這些困難在最近的將來又不容易去掉，那就應當在凡是可能舉行選舉的地區，遵照聯合國大會的決議案，立刻進行選舉；使其按選舉的結果，及早成立全韓政府，俾韓國人民多年渴慕的自由和獨立，可以實現。中國政府的代表將在聯合國駐會委員會作以上的提議。

鑒於最近北韓各種情事的發展，中國政府更相信採取以下活動，殊屬格外迫切；這就是聯合國應當對於韓國人民，從採取確切的步驟之中，重新給他們保證，這辦法便是在凡是可能舉行選舉的地區，毫不遲延的辦理選舉，以合於聯合國原定的主張，即「韓國人民的代表實

際上必須是韓國人民選舉出來的，而不是由在韓國占領軍的當局指派的」。

現在我誠懇地希望印度政府對於中國政府的這種主張，能在聯合國駐會委員會裡，予以贊助。

中華民國大使館

新德里

一九四八年三月二十三日

《羅家倫先生文存》，第七冊函札，頁 246-247。

2. 羅家倫電王世杰告與尼赫魯洽談對韓國主張及理由（1948 年 2 月 23 日）

外交部王部長：

某號電奉悉。頃往印外事部訪尼赫魯，詳述中國對於韓國之主張及理由。彼初似不甚了解為何急於要在南方成立政府，肇全韓分裂。又問南韓政府成立後第二步如何？當告以獨立自由統一之韓國，為中國一貫主張。現北韓選舉既不可能，若南韓長為美軍占領區，則北韓民眾更將受蘇俄離間宣傳，而南韓激烈分子且將北附。設全韓赤化，實甚危險。不如先成立南韓政府，引導北韓歸來。最後彼同意訓令其代表與中國合作，贊成南韓選舉，先成立臨時政府，期望將來北韓歸附，能有統一韓國實現。此係彼口頭所說，並由彼口授訓令文字。又彼曾問到美國態度，老實告以政府來電未提及。彼又謂據彼所得報告，蘇聯成立北韓人民共和國事不確。當轉詢現在印共動態，彼云在南方甚活躍。特此奉聞。

羅家倫

二十三日

二七八號

《羅家倫先生文存》，第七冊函札，頁 246-247。

3. 尼赫魯復羅家倫備忘錄印度政府關於韓國問題委員會事件之意見（1948 年 3 月 1 日）

印度外事部長敬向中華民國大使閣下致意。關於閣下一九四八年二月二十三日的備忘錄中所提韓國問題委員會事件，本部長敬奉告如下，印度政府現在的意見是：凡是可能舉行選舉的地區，就應當舉行選舉，按照選舉的結果召集國會。如果北韓不克參加選舉，則國會中當為其保留席次。此次選出的國會，當與韓國問題委員會商洽，使韓國政府得以成立。有一件重要的事，就是無論在言論或行動方面，不當鼓勵北韓方面的敵對精神，致其在該地區以外成立國會。這次選舉後成立的新國會和新政府，當開著大門，號召全韓的支持。

印度政府外事部

新德里

一九四八年三月一日

《羅家倫先生文存》，第七冊函札，頁 246-247。

4. 傅秉常密電外交部並轉呈蔣中正、張羣據潘迪夫人謂莫洛托夫促印度早日決定民主或帝國陣營（1948 年 3 月 14 日）

第 883 號。十四日。

南京外交部並轉呈蔣主席、張院長鈞鑒：

極機密。昨日印度大使潘迪夫人密告：

（一）莫洛托夫迭向伊表示，現在世界分為民主與帝
　　　國主義兩大陣營，印度似難適從，必需早日決
　　　定。近日南斯拉夫及保加利亞兩使亦促其早日
　　　決策，潘夫人以印度對於英、美固多不滿，但
　　　亦決不可能捨本國之立場而投入共產集團，蘇
　　　方以印度尚無確切表示，漸生不滿，蘇報近來
　　　對印度攻擊頗烈。

（二）蘇大使到印後，與尼赫魯及其他印度政府人員
　　　甚少接觸，尼赫魯迭予以商談機會，蘇大使則
　　　含默少言，而印度共產黨則大為活躍，煽動工
　　　人甚力，印度輿論對此極為憤慨。

（三）捷克政變，印度輿論更增憤慨，捷克駐印大使
　　　對本國此項政潮不滿，或將辭職，印度新任駐
　　　捷大使現正尚在美國，是否彼來捷克，尚未決
　　　定。印度政府中激烈份子並主張撤回印度駐蘇
　　　大使。

（四）此間英國自治領使節常有例會，昨晨英大使在
　　　會表示，預料在最近期內，蘇聯與西歐各國關
　　　係必更形惡化，發生大變亦有可能，主張英國
　　　自治領國家早為準備，並明白表示態度云云。

　　　　　　　　　　　　　　　　　　職傅秉常

〈革命文獻—對聯合國外交〉，《蔣中正總統文物》。

5. 羅家倫密電王世杰轉呈蔣中正詢尼赫魯以將克什米爾獨立付總投票意願彼謂與歸併巴基斯坦相較則贊成其獨立（1948 年 3 月 22 日）

急。

南京外交部王部長：

機密。昨晚尼赫魯攜潘迪特夫人之二女來館，飯後長談，PANIKKAR 亦在座。尼赫魯對中國草案及態度表示感謝，謂二十日已將倫勸彼從速全部接受意見，電令代表不多作修正，望照原案通過。當詢以將克邦獨立付總投票意見，彼意現在不提，如萬不得已，即印度不得達到最低願望時，由他國提出，彼可考慮接受。彼謂獨立國困難多端，但如將歸併巴方與獨立相較，則彼贊成獨立。當時與彼約定，我國願助通過原案，萬一印度須將獨立問題提出，可事前與我國密洽，我當暗中相助，安全理事會中他國態度彼尚懷疑，謂如巴方太反對，英可能棄權，至於蘇聯則將投贊成票，非為愛印，乃由倒巴。彼對推捷克加入三人委員會覺頗窘，欲補救而無辦法，不知能擴大至五或七人否？又慮及蘇方將索價操縱，再倫發現彼對 GALAIT 即包括坎巨提之區，認為印度無甚希望可取得，勢將歸巴，同時阿富汗也想。似此則坎地隸屬問題，轉易得印度了解，最後倫復稱世界大局日非，中印（亦即國府與尼赫魯）政府當有遠大眼光，定長期合作計畫，於換印度大使商定，彼同意此見解。

羅家倫

〈革命文獻—對英、印外交〉，《蔣中正總統文物》。

6. 外交部情報司呈蔣中正印度現局分析（1948 年 6 月 14 日）

情報司呈駐加爾各答總領事館五月航訊。

國際動態：

（一）印度現局：

1. 印度最近雙方曾進行談判難民待遇、境內少數民族之權利、資本自由流通、貨幣之互換等問題，結果頗為圓滿。惟主要爭端如喀什米爾之叛亂及海德拉柏土邦之歸附兩題，懸而不決。尼赫魯氏著重於國內政治及經濟之建設，故對於印巴間之紛爭，力圖避免暴力行動，並設法與英國維持友好關係。

2. 尼氏對外主採中立，不參加任何集團。但對於越南及印尼之民族解放運動，寄以同情，與緬甸及錫蘭維持友善關係。對蘇聯雖已交換使節，但兩國間之關係，並未如理想之圓滿。對於近東諸回教國家，亦極力設法增進外交關係，近派一回教徒出任駐埃及大使，並進行簽訂印埃友好條約。

3. 印聯人士對英國之意見，可分為兩派：一派主與英國維持密切關係，藉以減輕印聯在國防上之負擔，另一派則主完全脫離，尼赫魯及巴鐵爾等國大黨領袖則採折衷辦法，與英國及其他自治領之間，將採取共同防禦措施。

4. 甘地逝世後，國大黨內部益趨團結，並實行

　　　　　消除過激份子運動，共產份子則早已被逐出
　　　　　國大黨，若干省分已禁止共黨活動。

呈閱。

〈革命文獻—對英印外交〉，《蔣中正總統文物》。

7. 羅家倫密電劉師舜、葉公超報告孟買通訊等在華報導全係壞事未見有利政府消息等情（1948 年 10 月 29 日）

第 408 號。二十九日。急。

南京外交部：

密。劉、葉次長：孟買王領事寄到 SHAH 在 *FREE PRESS JOURNAL* 通訊八件，閱後結論：

（1）全部態度對我政府極壞，詞句尖刻，盡冷嘲熱罵能事。

（2）共產黨消息盡量傳播，未見一件有利政府消息。35 年十一月十日長電，竟謂中國當時情形較日本統治下還壞，該電曾由李琴領事報部有案。十三日電全引共產黨言論，謂中美空運協定將中國賣與美國為奴，經薛鏐森代理館務報部有案。

又 36 年七月六日孟買 *FORUM* 週刊登載，SHAH 對此文特未署名，顯係自我宣傳，總括彼在華報導，全係壞事，謂政府正在倒坍，絕無希望，美援無用，軍器徒供共軍，縱令此文非彼所寫，其報導在印度所發生影響可見。再三考慮為中印邦交計，我國應拒絕其來任 PRESS ATTACHE，並明告潘大使，彼派駐中國，以我政府為對象之大使，當不願反對我政府者，以外交官資

格從新聞上破壞兩國友誼，否則 SHAH 來華後惡果不
堪設想，但我方為決定拒絕，必須堅持到底。印度海
邦問題、駐英高級專員 KRISHNA MENON，痛斥英記
者，應以己度人。剪報將請王部長飛機帶回。並聞。

羅家倫

〈印度及緬甸駐華領事官員動態〉，《外交部檔案》。

8. 沈宗濂呈蔣中正報告共產黨謀奪取東南亞已見行動中國為反共前鋒應迅即領導東南亞促成亞洲防共集團（1949年3月20日）

報告。

三十八年三月二十日於上海。

一、連日東亞情勢有顯著之發展，最可注意者：

　　甲、菲總統季里諾建議太平洋公約，並論及中共，
　　　　略謂：「中共僅為變相之軍閥，若蔣總統能得
　　　　較多之武器，國民黨即可復振，中國無共產主
　　　　義之基礎，共黨不能在此立足。」

　　乙、英倫人士贊同菲總統建議，謂：「大西洋公約
　　　　國應公認東亞為西歐之作戰基地。」並定於四
　　　　月下旬召開聯邦防共會議，印度將行參加。

　　丙、英國「勞也爾」保險公司宣布停止「戰爭保
　　　　險」，認第三次大戰已至一觸即發之階段。
　　　　（該公司情報向準確，於第一次、第二次大戰
　　　　前均有此舉）。

　　丁、中共向荷印革軍廣播謂：荷印革軍如欲成功，
　　　　應採共產主義，並切實聯蘇。

戊、越南維南政府預示：「若中共抵達越邊，稍予
　　援助，可於三個月內逐出法人。」

二、綜合以上各點，可歸納為：

　（1）共黨爭取東南亞已見諸言行。

　（2）菲、英、印均極力主張締結太平洋公約，以
　　　　與大西洋公約相呼應。

　（3）世界第三次大戰可能性日漸顯露。

三、為適應此局勢，我國既為反共前鋒，應迅即領導東
　　南亞，促成亞洲防共集團。有此反共共同陣線，則
　　一隅軍事之利鈍不足為決定性之勝負，而所有集團
　　之力量，均可為我之後盾。

四、宗濂業已遵令將上海市政府秘書長職務交代新任。
　　請谷委員正綱傳示鈞諭垂注，至深感激。自維以前
　　三次奉命歷訪東南亞及印緬，與彼方人士尚多熟
　　識，倘蒙驅使，畀以外交部顧問或僑務委員會委
　　員，以視察為名前往各地密行接洽聯繫，自信在兩
　　個月內當可有所成就以圖報稱。是否可行，敬乞鈞
　　裁示遵。

謹呈總統蔣。

　　　　　　　　　　　　　　　　　職沈宗濂謹呈

批示：請其先來奉一敘。

〈革命文獻—蔣總統訪菲〉，《蔣中正總統文物》。

9. 羅家倫函葉公超述印度對承認中共事傾向實際主義 （1949 年 6 月 2 日）

公超吾兄道右：

別後常懸繫。奉手書，愈覺感慨萬端。前日復接部中長電，為十二國暗商承認事。此事弟自去年年底以來，無時不在注意之中。與尼赫魯數次長談，均先後有電報告。四月底尼尚在歐洲開英自治領首相會議，而此間外事部發言人即有甚不妥當之談話，略謂：現與中共地方當局，發生實際關係，等於事實承認；至於法律承認在考慮中。此確為梅農對德里《印度斯坦時報》所說。弟當日即赴外事部質問梅農，彼佯為不知，抵賴乾淨。其心虛之態，露於形色。（當時尼赴歐，次長 Kesker 赴南洋，秘書長 Bajpai 偕尼赴歐，此三人者，皆梅農上司，而都不在，則梅欲遁何從。）梅自己聲稱即將否認。但次日報端所載之字句，等於默認。最後所附「至於法律承認一節，事體重大，且待到將來時機考慮」一語，又無異預發支票。此人之虛偽陰險有如此者。幸此項談話激起一部分國大黨高級幹部之公憤，潘迪悌夫人處即接到許多電話，表示驚異；又如印度之鄰近小邦，亦有表示寒心者。故弟往與潘密談，彼對此頗為譴責，允在歐見乃兄時，當首先談及，予以糾正。故尼由歐回印後，弟與彼見面一談，彼即謂此係投機家之意見也。但彼轉過他方面來說，謂設如國民政府地區日削，退守一隅，而認為仍代表全中國，亦非實際主義者之態度。彼雖謂二者彼皆不取，現仍取觀察（實即觀望）態度。但其言外之意，是傾向於所謂實際主義方面為多。於是

弟於談話後之次日再去一函，力解其實際主義之惑。指
出為經濟、為僑民、為避免東南亞各國之疑慮，印度均
無任何理由，應先出此。其餘尚有兩段含義較深的話，
借指責浮薄新聞記者為名，而暗示其勢力態度之不當。
附上留稿，敬希察閱。現在對尼方面所說之話，幾乎說
完，彼之觀望政策，大部分看英、美，小部分看中共之
措施。在最近二、三星期內，大約不會有好轉，也不會
有彼所譴責之投機家的冒險舉動出現。故弟活動之範
圍，已轉向國大黨幹部方面及外交團同情我政府者。此
信寫完，即將訪美大使（彼反共最力），即其一端也
（書至此，因事擱筆數小時，以下續書）。據弟與韓君
談話結果，知所謂十二國商談承認中國一事，並無正式
會議，亦未到討論承認階段，不過隨時交換意見，意在
求得一個共同的步驟，免得其中有些國家，性急亂來。
彼方若有正式或非正式會議，彼無有不知之理。彼對印
方態度與弟所見相同。但彼對法國態度，認為最不可
測。據弟觀察，此言當可注意，恐有根據。但最可擔心
者仍為英國。史汀生之目光，僅限於目前商業之得失，
其僑民更無論矣。開灤之開工與增產，匯豐之為中共經
手外匯，比利時洋行做得在先，上海《字林西報》之捧
中共，以及香港方面討好肉麻之論調，件件都是象徵。
而英、美商人間之競爭與吃醋，亦係值得注意之因素。
因為英國態度影響其自治領集團最大，務須特別注意，
不可如一般人所謂無法轉移而邃聽其自然。雖有時須旁
敲側擊，且間或須低聲下氣，當亦不惜。賢達如兄，諒
必早經籌慮及之。弟前有一電、一函中均述及潘君為冒

險家，各方消息均足證明此語。彼邀功投機心理太重，
而實際經驗究缺，總想做出一些驚人的事，以顯其能。
故上次首先承認中共之醞釀，彼為主角，而梅農亦願賣
弄小聰明，以試其對馬基代利政策之效響，乃成此弄巧
成拙之一幕。彼上次返印運動，使蘇、尼君不允，聞理
由為不夠穩重。現已派定著名哲學家 Radhakrishnan 即
可發表。聞尼知在該處政治、外交方面均無可施展，乃
派另一方面之人，權且觀察一下也。此事潘頗失望。又
潘子梅女聯姻事，最近破裂。潘至遲當在七月回國述
職，尼言詞中亦露此意。弟意此君無論如何，我方當極
力敷衍，不可稍露形跡，兄與彼談話時只當一切不知，
方為最妙。此函所述一切，均乞絕對秘密。久欲作此
函，因無人帶。此次因廖武官回國，乃託其親帶來穗。
近況如何？望常惠教。專此，敬頌道祺。

弟家倫敬啟

六月二日

《羅家倫先生文存》，第七冊函札，頁 258-260。

10. 王世杰密電羅家倫偕蔣中正訪菲律賓談及遠東反共結盟事究竟印度態度為何（1949 年 7 月 12 日）

羅大使：

密。七月十日杰偕介公赴菲，介公與菲總統晤談，主題
為遠東國家聯合反共問題，業經商談並發表共同聲明主
張遠東國家成立一種聯盟（union），並將由菲總統邀
請願意參加各國，遣派政府代表開會議訂盟事，至於聯
盟性質在聲明中尚未提議。在初期大概不能為完全軍事

同盟，但參加者覺亦不能不負若干政治與軍事義務。又
參加國家如能包有印度，自然為好。倘一時不能邀入眾
多國家，則準備先由菲、南韓、中國等三個國家組織。
此事事先未洽美、英等國，因介公認為遠東國家應先自
行組織。數月來介公屢囑杰赴印、英一行，杰以國內局
勢險惡，出外不易，接洽迄未應允。尼赫魯等對於防共
問題及中國局勢既未邀約，介公或弟與之商談來印，亦
遭冷待。究竟尼等對遠東團結問題態度如何，兄對杰行
止意見如何，盼電示，由外交部丁憲薰託轉。

王世杰

午文

〈革命文獻—蔣總統訪菲〉，《蔣中正總統文物》。

11. 沈宗濂密電周宏濤與尼赫魯晤談彼謂在印度已認共黨為非法等（1949 年 7 月 15 日）

臺北。密。

周秘書宏濤兄勛鑑：

弟來印後，盡力各方聯絡，接觸頻仍，尚微效，自德
里來加埠，昨日尼赫魯蒞加，復與約晤，並告辭談一小
時，並同攝影。尼之結論如下：在印度採取強硬態度，
撲滅共黨，已認共黨為非法，並逮捕黨員，在亞洲不願
見共禍蔓延。對中國因印度饑荒，且經濟軍事無力援
助，定在道義及外交上之支持，對集體防共，因共黨有
強全之第三國幕後操縱，而亞洲各國無一不力量薄弱，
恐無效力。因大西洋公約倘無美國後盾等於廢紙也。弟
來印經暹緬，擬調查當地共禍及政治情形，應否即赴新

加坡及印尼，或先行返國乞轉陳請示。

弟沈宗濂叩

卅（十五日）

加領事館轉交

批示：代復，即回國。

〈革命文獻—對英、印外交〉，《蔣中正總統文物》。

12. 羅家倫電丁憲薰譯轉王世杰並轉呈蔣中正印度態度自可寒心主因為亞洲領袖慾等（1949年7月17日）

第 493 號。17 日。急。

廣州外交部機要室丁主任請親譯轉王委員世杰：

14 日電奉悉。兄偕介公抵穗，國事初露曙光，欣慰莫名。印度態度自可寒心，主因：

（一）亞洲領袖慾，一月間印尼會議，即為成立亞洲集團，自作盟主，事雖未成，此心不死；

（二）冀取安全理事會中國常任理事席代之；

（三）兩者未能實現前，恐孤立，乃留英帝國集團中，與英相當協調行動；

（四）已併錫金，正併不丹，圖尼泊爾，對西藏不免領土野心，新國驕狂，幾難想像；

（五）現以東南亞反共中堅名義進行美援甚力，又與我利益衝突；

（六）仍倡作美蘇橋梁，不參加任何集團高調，且新派駐蘇大使；

（七）尼赫魯深受英報反宣傳，對我政治感想不好，梅農陰險，潘尼迦為邀功冒險家。

以上七點均有例證；但（八）我方軍事迭敗，國土日
蹙，主張混亂，人心渙散，實令外人無所適從，輿論多
謂我無可挽救，印度內伏困難危機，充滿矛盾，獄中
共黨數千，而馬來亞殺一印共，即嚴重抗議，其多碰
釘子，身受痛苦後，始能回頭。但現在重要，尤以當
（一）、（二）、（五）、（六）四項癥結未解除時，
彼欲參加中菲聯盟，恐甚不易！弟忍辱負重，從不鬆
懈；然在殘酷實際主義世界中，已無憑三寸舌，令人拔
劍相助事，多方運用，幸能打消梅農搶先承認中共企
圖。尼赫魯親告弟譴責梅農主張為投機主義，彼所不
取；卻又說不願遠離實際主義，故取觀望政策。有地位
印友慮英承認中共，印將隨之。貝文屢次演說對我不
好，英不惜一切，但求經商，近國內經濟大恐慌，恐不
暇遠慮，其大使尤淺小。惟毛澤東近痛斥英、美及津、
滬虐待外僑事，稍醒其迷夢，輿論亦略轉。目前要務，
為我軍事站定，政治有新號召、新表現，以事實與實力
轉移他國視聽，然後外交方可迴旋，不受冷落，兄意如
何？又現有實力助人者，仍只美國。亞洲各國自顧不
暇，聯合多為壯我聲勢，向有利國家進逼，萬不可靠
此，而亂我主要目標，故弟在此與美大使密切聯繫，時
有商洽。六月八日寄兄長函，收到否？乞向介公敬致誠
悃。此電似可轉呈。

　　　　　　　　　　　　　　　　　　　弟羅家倫

　　　　　　　　　　　　　　　　　　　七月十七日

〈革命文獻─對英、印外交〉，《蔣中正總統文物》。

13. 葉公超密電蔣中正謂外交部無意自動向巴基斯坦提 出反共聯盟事及印度明顯不贊成中方似不必表示 （1949年8月2日）

密。總裁鈞鑒：

午卅迴電敬悉：

（一）本部原無意自動向巴基斯坦提出聯盟事。

（二）印度態度既已明顯不贊成，我似亦不必有所表 示，以免顯露痕跡。況最近印度對西藏陰謀， 對我殊不友誼。

（三）菲館充實人事，已在辦理中。

（四）頃據陳質平報告（尚待續完），羅慕洛返菲後， 主張邀請有力國家如印度、澳洲等參加發動， 以由中、菲、韓發起，易引起誤會，使他國處 於被動地位；但事實上澳洲與紐絲綸已有類似 攻守同盟之密契，且英集團已有組織，恐不得 其參加。

至羅氏欲親往各國洽商，我自可同意。但此事如拖延 日久，我則不能及早獲得我所急需之道義盟援，未悉 鈞意如何。

> 葉公超
>
> 未冬印

〈革命文獻—對英、印外交〉，《蔣中正總統文物》。

14. 邵毓麟電王世杰以蔣中正名義面陳李承晚受囑代向季里諾致謝及請密示李所示印度不願參加東南亞聯盟及其名稱等二點（1949 年 9 月 2 日）

草山王顧問雪公：

艷電奉悉。已於昨日以總裁名義面陳李總統，渠囑代向菲總統致謝，惟渠表示：

（一）印度非太平洋沿岸國家，印或不願參加，恐亦有不願參加者；

（二）關於東南亞聯盟名稱，渠贊成總裁之主張，再渠已接受麟勸止以中韓名義召集會議，並同意中韓先作若干秘密諒解，以便會議時採取一致態度。

我方有何主張，請先密示，再海上空中通航，及臺韓貿易已在著手。以上乞轉呈核示。

晚邵毓麟

冬

〈革命文獻—對英、印外交〉，《蔣中正總統文物》。

15. 羅家倫電蔣中正擬於二十七日來穗晉謁（1949 年 9 月 24 日）

第 41 號。廿四日。

廣州外交部請轉呈總裁鈞鑒：

本在臺北恭候訓示，茲因月底急須返印，擬二十七日前來穗晉謁。可否？乞電示。

羅家倫

今下午可到穗。

職宏濤謹註
九、廿七

〈革命文獻─對英、印外交〉，《蔣中正總統文物》。

第二節　對巴經營與後方布置

1. 葉公超密致秦德純箋函因戰局演變政府勢將西遷似應趁機與巴基斯坦商洽速設使館並對開闢中巴交通路線事密籌進行請示卓見（1949 年 6 月 16 日）

紹文次長吾兄：

密。勛鑒。因戰局演變，政府或將西遷，惟西南與西北對外海運勢將斷絕，西南、西北與臺灣之遼遠，空運運輸能力亦復有限，陸路方面滇桂兩省雖可通越南、緬甸、海口，但鑒於目前越緬動盪局勢，恐或難予以有效利用，不可不速另謀安全可靠之國際通路，庶未雨綢繆，軍事物資仍得源源輸入，以達足食足兵，確保華西之目的。查巴基斯坦國為新興之回教國家，其國土分跨印度半島東西，西巴與中東、近東各回教國領土連成一氣，與我新疆、青海相鄰，以通我西北，東巴接近西康、雲南、廣西，以通我西南，而我西北及西南諸省為回教之堅強堡壘，就此項言巴基斯坦與我西北及西南之關係甚為微妙。西巴擁有喀拉蚩港，且為巴國之首都，為印度半島的大港之一，第二次大戰時原為盟軍之重要物資供應地，東巴擁有吉大港，可經由越緬港口以通我西南，設若越緬陸路國際交通可資利用，則由巴國接濟物資，尚屬便利；如越緬通路阻隔，則喀拉蚩與吉大港與我西北及西南比鄰，空運亦稱方便，為欲開闢我西北及西南之國際路線爭取外援計，亟應派員駐箚巴國東西兩部預為籌劃一切。查我國於巴基斯坦設立大使館及領事館事，早與巴方洽妥，惟迄未設立，似應趁此時機與

巴方具體商洽以加強中巴友誼，並對開闢中巴交通路線事，預為密籌進行，此舉關係我西北及西南安全甚大，似應及早圖之。惟於喀拉蚩及吉大港開闢中巴航線轉運軍事物資，在軍事上之價值需要如何，敬希迅予惠示卓見以資借鏡。本部已密電駐印度羅大使向巴方密探及早相互換使意見矣。特密函奉達，希查照見復為荷，耑此敬頌勳綏。

弟葉公超啟

〈我於巴基斯坦設使領館〉，《外交部檔案》。

2. 羅家倫密電葉公超關於中巴換使事巴高級專員無能為力且克什米爾問題短期內難決等（1949 年 6 月 20 日）

廣州外交部。極密。

葉代部長：

關於印大使館派員赴渝事，經由錢參事存典面告梅農，彼謂將報告尼赫魯，並商潘大使。聞印度當局可經英大使館與潘通訊，關於中巴換使事，倫觀察巴方動態，認必遭拒絕，倫與巴高級專員接洽，知彼無能為力，且克什米爾問題短期內難決。中巴尚無連界，此時似不必碰釘，留待將來迴旋如何，乞核奪。

羅家倫

〈我於巴基斯坦設使領館〉，《外交部檔案》。

3. 歐陽中庸簽呈外交部部次長科長關於羅家倫復電及 中巴互換使節不可一再延誤事（1949 年 7 月 9 日）

查本部於六月十五日密電駐印羅大使，以中巴互換使節前有成議，茲擬及早派使，飭密探巴方意見並將結果電復，然羅大使六月二十日復電（該電因電碼錯誤，經二次電詢，至七月五日始譯出，已延擱甚久），對於本部飭密探巴方意見電復一節，並未照辦，而來電所云「與巴高級專員接洽，知彼無能為力」一語，細審語氣，意頗含混，本部所欲探知者，為巴政府當局之意見，與巴駐印高級專員之能否幫忙無關也。當本司正擬簽關於羅大使復電意見時，而巴基斯坦僑民之呈文恰到，旅巴僑民呈文力陳早設使領之必要，及久久延擱之失策，該呈更述及我只派使於印度，而不派使於巴基斯坦，使巴人發生誤會，認為歧視，因而妨害中巴民族感情。反之該呈文絕未言及巴政府及人民對我擬設使領，抱深閉固拒之態度也。旅巴僑民生活是邦，耳濡目染，親身體驗，其所言當屬可靠；此與羅大使復電所觀察「必遭拒絕」與「碰釘」大相逕庭，吾人亦不能以旅巴僑民切屬知識幼稚，在國際政治之認識，致不能觀察巴方之動態也。我旅巴僑民之呼聲正足以表現其內心之需要，並反映巴國民間對我不設使領之觀感。茲再就在巴基斯坦設使事，簽具意見於後：

查本部欲派羅大使探明者，乃我國擬及早於巴基斯坦設使，巴方之態度如何，或為冷淡，或為積極，蓋中巴換使既為成議，自不發生「拒絕」或「碰釘」之問題，我進一步即可提出大使人選，向巴國徵求同意後，即可派

員往巴設館。如有拒絕之事，當屬拒絕其人選，斷無拒
絕設使之理。今國民政府既為世界各國承認之政府，而
巴國之諾言換使，乃向國民政府發出者，豈有出爾反爾
之理。巴方或以為國民政府行將崩潰，不過數月之事，
自不必再與國民政府聯絡，答應其即派員設使，而採觀
望拖延態度，此種態度最為可能，尤其南京撤退以後一
時期為然。現在國內局勢似較穩，巴方縱以前報此種態
度，此刻似不能不加修改。故我國可即經由羅大使向巴
駐印度高級專員接洽，請其轉告巴政府我擬及早在巴設
使，並即將提出大使人選，盼巴方予以協助便利，觀巴
政府之答覆如何，再作決定，巴國斷無拒絕之理。如巴
國拖延，則我可斟酌時機，隨時催詢，如抱「必遭拒
絕」或「碰釘」之見解，「而待將來迴旋」，則不知俟
諸何日。查國內局勢似不能於短期內恢復長江以南之地
位，我之政治局勢此後仍將如此，且在廣州時向巴提出
大使人選，較將來政府西遷提出時，更為時機適當。故
向巴接洽，應即時提出人選，並積極進行，以前之延誤
已久，似不可再延誤。至羅大使復電言「克什米爾問題
短期內難決，中巴尚無連界」，此點似與設使領問題毫
無必然連帶關係，其理甚明，毋庸多贅。
關於在巴基斯坦設使之重要性及必要性，職於去年三月
簽呈中即詳呈之，其理由之一條「以對巴國之外交姿態
影響印度」，蓋會有制衡印度之意。我於巴設使會有兩
重意義：在外表上，我表示平等看待巴基斯坦，因使巴
對我發生好感，而不致因我偏重印度，而感不快；在暗
中，我於巴設使，即含有聯巴以制衡印度之寓意，蓋印

巴物資分配不均，工商發展各異，宗教不同，矛盾甚多，我正可利用此種情形，妥加運用，使印巴均求助於我、取悅於我。然我以往抱印度為主、巴為附庸之態度，得罪巴方，亦未見好於印度。夫印度民族亦最現實之民族也。新建國家自視甚大，吾人不可因我國以前對印度表示種種友好，遂盼望印度對我報以若何援助。印度對外表現亦為兩重的，一為甘地之理想主義，一為以國家利益為前提之現實外交，而由曾受英人訓練之印人行使之一切，未脫英印傳統習慣，吾人不能以甘地之理想主義與印度辦外交，吾人亦不能以為歌頌甘地、尼赫魯即能與印度辦外交順利。如站在印度大使館之立場，自不願於印度本島上更有巴基斯坦與之抗衡。但站在整個國策運用上講，則應如此，蓋駐巴使館與駐印使館在表面上相制衡，實際上則相成也。

巴基斯坦之地位甚為重要，將來或許更為重要。我國即早於巴設使，實含有政治之意義；且因設使之便利，中巴之商務、僑務關係，均可更趨密切，而將來中巴間之重大外交事件，如空運物資等項，更可不斷發生。如認於巴設領為不急需，則持此標準，較巴國更為不急需之使領館多矣，則當裁撤其他不急需者，以增設駐巴大使館。

基於上述理由，羅大使復電巴方拒絕之觀察，似不能成立，而留待將來再談之建議，亦為不可一再延誤，最恰當之時機，即為此時向巴方提出大使人選，初步即再電羅大使告知巴駐印高級專員，我即擬在巴設使，人選將續提請轉告巴政府，候巴政府答覆，以觀巴方態度，我

方似亦可同時經由廣州英國大使館轉達巴基斯坦政府。
以上所呈，是否有當，敬乞核示。

歐陽中庸謹簽

批示：

中巴換使既有成議，目前我方如有使巴之適當人選，
自可提請巴方同意，儘早實行，如無適當人選，則不
妨稍緩。

陳世材呈

七、十二

仍應電鄭大使向巴方駐英高級專員提請轉達巴政府互
換大使。

董霖

七、十四

可電鄭大使以非正式口吻先行試探巴方態度。

葉公超

七、十五核

〈我於巴基斯坦設使領館〉，《外交部檔案》。

4. 秦德純函葉公超關於開闢中巴國際路線事（1949年 7月23日）

公超代部長吾兄勛鑒：

六月二十一日手書敬悉，關於另謀戰局演變或政府西遷
之未來國際路線，擬在喀拉蚩及吉大港開闢中巴航線轉
運物資，未雨綢繆實為必要。查巴基斯坦之首都喀拉蚩
為印度半島四大港口之一，由該地經拉河至我新疆之和
闐空中距離約一二〇〇哩，若我由國外獲取軍事物資至

西北，當以喀拉蚩最為適宜，又東巴基斯坦之吉大港，若能修復史蒂威公路，則可由該港以火車直達立都，再經史蒂威公路而達昆明。但以目前情形而論，修復史蒂威公路甚屬困難，且該路亦受威脅與破壞，如由吉大港經緬境之密支那或曼德勒而至昆明，其中距離僅八〇〇哩，但吉大港港灣甚小，不能容納大量運輸，且無較大之機場可容巨型運輸機之起落，似須擴修或利用附近之其他機場，故以軍事立場而言，若一旦我東南方面以及對緬越之交通受阻，則軍事物資之輸入，惟只仰賴印巴等海港以接濟我西北及西南之反共基地，是以我國亟應趁此時機利用巴基斯坦與我西北及西南之回教關係，加強中巴友誼，從速籌劃開闢中巴交通路線，俾國外軍事物資仍得源源輸入，以達確保華西之目的，管見所及尚請卓裁。耑此敬覆，即頌勛祺。

弟秦德純拜啟

〈我於巴基斯坦設使領館〉，《外交部檔案》。

5. 葉公超密致端木傑箋函關於開闢中巴國際路線事（1949 年 7 月 27 日）

文俠部長吾兄勛鑒：

密。戰局演變，政府或將西遷，而我西南與西北大後方，地位益形重要。然其與東南海洋之交通，將來可能斷絕，至由臺灣空運物資接濟，亦嫌距離過遠，而且間接轉運，殊不經濟，故為源源接濟西南與西北，使軍事民需物資，不虞匱乏起見，似應未雨綢繆，籌劃西南與西北國際交通路線之開闢。查滇桂兩省與緬越毗連，此

兩國際路線，自可予以利用；但鑒於緬越政治局勢之動盪，目前似少利用之可能。惟巴基斯坦國跨印度半島東西，東巴基斯坦接近我西康、滇、桂三省，擁有吉大港（Chittagong）諸港，亦有航空站；西巴基斯坦擁有喀拉蚩（Karachi），為巴國首都，且為印度半島四大海港之一，戰時曾為盟軍重要物資供應地，喀拉蚩具有完善之航空設備。東巴基斯坦之吉大港，經緬境之密支那或曼德勒而至昆明，空中距離僅八百哩，由吉大港鐵路直達雷多，再循史蒂威公路（報載印度政府有注意修理該路之意）亦可達昆明。至於西巴基斯坦則由喀拉蚩經拉河（Lahore）至我新疆之和闐，空中距離約一千二百哩，若由國外獲取軍事物資至西北，當以喀拉蚩為最適宜。故巴基斯坦國仍為接濟我西南與西北之理想國際路線；且我西南與西北為回教之堅強堡壘，巴國復為回教之重要國家，就此項關係言，開闢中巴國際通路，對我頗有裨益，本部並已徵得國防部對此事之贊同，惟事屬貴部主管業務，未審卓見如何，特函奉達，敬希察奪賜復為荷。耑此，敬頌勛綏。

弟葉公超拜啟

〈我於巴基斯坦設使領館〉，《外交部檔案》。

6. 馬步芳電王世杰請惠予栽培新疆省政府委員兼民政廳長王曾善出任巴基斯坦大使（1949 年 8 月 7 日）

廣州外交部王部長賜鑒：

近聞巴基斯坦與我國行將交換大使，查現任新疆省政府委員兼民政廳長王曾善，年四十六歲，山東臨清縣

人，燕京大學及土耳其伊斯坦堡大學畢業，曾任國民
黨駐土耳其特派員，為人誠篤，品學兼優，堪以勝任
大使職務用，特電請惠予栽培，俾其出任，無任感
盼，肅電奉懇。

馬步芳叩

未魚蘭辦秘

〈人事處雜卷：三十八年〉，《外交部檔案》。

7. 葉公超電馬步芳巴基斯坦派使事尚未成熟感謝推薦人選（1949 年 8 月 8 日）

蘭州西北長官公署馬長官勛鑒：
來電敬悉。巴基斯坦派使事，尚未成熟，承囑一節，容
後當為注意。巴方且表示不擬派人來華，一俟雙方同意
後，當予以考慮，承推薦人選，甚感。

葉公超

未齊

〈人事處雜卷：三十八年〉，《外交部檔案》。

8. 鄭天錫電外交部頃巴基斯坦代辦來告歡迎中國政府派使駐巴惟以喀拉蚩房屋極度缺乏我使到巴恐需屈居旅館等（1949 年 8 月 30 日）

廣州外交部：
88 號電計達。頃巴基斯坦代辦來告，巴政府歡迎我國
派大使駐巴，惟以 Karachi 房屋極度缺乏，現有大使不
少旅館寄居辦公，我使到巴恐需屈居旅館等語，謹聞。

鄭天錫

〈我於巴基斯坦設使領館〉，《外交部檔案》。

9. 白崇禧電葉公超推介新疆民政廳長王曾善出任巴基斯坦大使（1949 年 9 月 24 日）

廣州外交部葉代部長公超兄：

查近東多屬回教國家，我國駐近東各國大使無一回教人士。頃聞巴基斯坦行將與我國互派大使，值茲近東各回教國家反共呼聲最高之際，對於大使人選似以我國富有外交聲譽之回教人士內任為宜。茲有新疆民政廳長王曾善留學土耳其，通曉回教國語，明瞭近東回教國情，民廿六奉中央命率領我國近東訪問團訪問近東十一回教國家，敦進邦交，卓著成效。此次我國回教代表團亦推定由王君擔任團長，率領訪問近東各回教國家，藉以增強國際之反共陣容。特電推介，倘畀以巴基斯坦大使銜前往，於事必更有益矣。

弟白崇禧

衡勝申梗

〈人事處雜卷：三十八年〉，《外交部檔案》。

10. 行政院第一〇二次會議秘密討論第二事項中國與巴基斯坦建立正常外交關係案（1949 年 12 月 17 日）

秘密討論事項：（二）我國與巴基斯坦樹立外交關係案。

簽註：巴基斯坦與新疆壤地相接，人民之語言及宗教多屬相同，而在反蘇反共之立場上尤與我一致。我為爭取與國，俾在國際間多一奧援，並以之為對新疆經

營之橋梁起見，似宜及早與之樹立正常之外交關係。
謹請核定。

決議：送外交部查照前案妥慎進行。

〈行政院會議議事錄　臺第一冊一〇〇至一一六〉，《行政院檔案》。

11. 行政院訓令外交部查巴基斯坦與新疆接壤與中國反蘇反共立場一致應否建立正常外交關係業經院議請查照（1949 年 12 月 17 日）

行政院訓令外交部：

查巴基斯坦與新疆壤地相接，人民之語言及宗教多屬相同，而在反蘇反共之立場上，尤與我一致。我為爭取與國，俾在國際上多一奧援，並以之為對新疆經營之橋梁起見，應否與巴基斯坦樹立正常之外交關係，案經提出三十八年十二月十四日本院第一〇二次會議決議：「送外交部查照前案妥慎進行」等語，合行令仰遵照。此令。

院長閻錫山

〈我於巴基斯坦設使領館〉，《外交部檔案》。

12. 外交部密電鄭天錫政府擬即提名派使駐巴基斯坦（1949 年 12 月 17 日）

駐英鄭大使：

密。巴京設使事，前經巴方允辦，茲為爭取與國制衡印度計，政府擬即提名派使，希即密洽巴駐英專員迅覆。

外交部

〈我於巴基斯坦設使領館〉，《外交部檔案》。

13. 蔣廷黻電外交部聯合國安全理事會所提克什米問題 調解案主旨（1950 年 1 月 5 日）

第四十九號。五日。

外交部：

喀什米問題復上安理事會議事日程主席加拿大代表提調解案主旨在：（一）印巴雙方同時撤兵，巴全撤，印撤大部，只留小部以維地方治安；（二）自由喀軍大部解散，保留以維治安；（三）喀省軍亦然；（四）喀北區亦裁軍，行政由地方當局負責；（五）以上四項執行後舉行公民投票。聞巴接受，印不接受，英、美、法、加均認印態度過於強硬，求我協助，俾印得知世界輿論傾向。黻發言僅稱主席提案公道合理，除蘇代表外，餘皆意旨相同。

黻

〈巴基斯坦政情（一）〉，《外交部檔案》。

第三節　對印度決定承認中共政權之觀察與聲明

1. 蔣中正電宋美齡希望尼赫魯訪美時能相機會晤惟不宜主動（1949 年 10 月 5 日）

蔣夫人：

如尼赫魯訪美，若相晤時，可將一九四二年羅斯福總統二度派居利來華洽商中英同盟事，中國為協助印度獨立關係，故始終拒絕羅之建議，此事不妨相機一提。但彼已得意忘形，恐談亦無益。如其不主動來約晤，則亦不宜要求其相見也。所派人員何日來臺？盼復。

兄中

酉微

〈蔣中正致宋美齡函（六）〉，《蔣中正總統文物》。

2. 顧維鈞密電蔣中正為尼赫魯訪美往見詳談有關英、印對中共政權之態度（1949 年 10 月 15 日）

密。

蔣總統鈞鑒：

印相尼赫魯訪美，鈞昨往見，詳談要點：

（一）彼在倫敦曾與英首相商談，悉英朝野因重視商業及其他利益，確有早日承認中共之意。

（二）尼本人意見以為中共鎮服中國全境已無可避免，國民政府雖決心抵抗，亦難挽回。鈞告以我西南地勢險要，利於防守，如我能得友邦援助，固守一、二年不成問題。彼謂中共兵力雄

厚，他國予我小部援助，無裨實際；至物質援
助，只美國有此能力，但美國已明示已往援助
未克奏效，無意再續援，且按之現局，除非以
軍力出援外，無法生效，此時唯有中國自救一
道。彼知中國民族性甚強，不致甘心久為共產
主義所迷。

（三）鈞告以中共背後實受蘇聯驅使，意圖侵略，並
非尋常內戰。我在西南抗戰一日，即東南亞各
國間接多得一日安全。一旦全境淪陷，共禍即
臨，各國屆時再圖防禦，倍加困難。彼乃以為
如各國此時予我同情，轉增中共仇視，而增將
來妥協困難。鈞謂共黨志在世界革命，縱一時
妥協，決不放棄基本目的。彼謂信然，但亞洲
如緬暹等國，薄弱無可如何。

（四）鈞謂美對中共問題主張各國一致行動，印度意
見如何？彼謂印曾多次接洽，但無一致行動之
協議，似印已保留單獨行動之權。

（五）鈞詢彼對世界前途意見，彼謂五、六年內大戰
不致發生，因任何國均不能準備完成云。

顧維鈞

酉刪

35 號

〈革命文獻—對英、印外交〉，《蔣中正總統文物》。

3. 俞國華密電周宏濤轉呈蔣中正此間盛傳尼赫魯曾向美國國務院表示贊成早日承認中共政權（1949 年 10 月 18 日）

密。

周宏濤兄請轉呈總裁鈞鑒：

（一）此間盛傳尼赫魯曾向國務院表示，贊成早日承認中共偽政權。美方則仍不主操切，現在關鍵在：

　　（甲）中共能否實際控制中國領土，或領土一大部分；

　　（乙）中共能否及願否遵守國際條約，擔任國際義務；

　　（丙）中共政權是否為大部分人民所默認。以上三項端視中共今後之行動而定，我僅憑過去法律地位，恐不可恃。

（二）據聯合國法律顧問表示，如偽中共政權要求加入，事無前例，只有分別取決於大會及安全理事會。如是，則全視各國態度而定。

（三）美國會本週內閉幕，職之遵於九月中旬奉調出席聯合國代表團辦理控蘇案。預料十一月中旬，可以提出辯論。

（四）近日美蘇關係仍極緊張，東德政府之成立，對奧和約之無進展，及管制原子能之各持己見，均使兩國距離日遠。

（五）蘇對南國施用壓力，仍無結果，此間認為今後蘇必就對南作戰或發動南國內戰二者操擇一

途，以推翻狄托，而以後者之可能為大。

（六）據司徒雷登告職宗敢，國務院考慮派翟石為美
　　　駐遠東特使，一如哈里曼之駐歐洲然，但尚未
　　　作具體決定。

公

酉巧

〈革命文獻—對聯合國外交〉，《蔣中正總統文物》。

4. 羅家倫電葉公超請示印度如承認中共政權之應對舉措（1949 年 10 月 18 日）

第 2 號。18 日。

重慶外交部葉部長公超兄：

印度如承認：

（一）我方是否絕交；

（二）文件如何措置；

（三）弟行止如何；

（四）館如撤退，旅費可否先行電匯，另存備支。

均先乞部準備，並乞明確指示。聞尼赫魯月底回國後，

可能隨時實現。乞速電示。

弟羅家倫

〈駐印大使館撤退及結束案〉，《外交部檔案（近）》。

5. 程天放密電蔣中正據尼赫魯謂英國政府雖施壓力促印度先承認中共政權但渠未接受（1949 年 10 月 22 日）

臺北。密。

蔣總裁鈞鑒：

關於傳說印將承認偽政權事，尼赫魯抵此後保大使君建曾以舊友資格往訪談甚久。保告以印度之能獨立，乃甘地與尼為正義人道立場奮鬥數十年之結果，如今放棄正義人道立場承認中共，恐非印度之福。尼謂1942年鈞座訪印及對印種種援助，渠永誌不忘，英政府雖施壓力促印先承認中共，但渠未接受，並避與英相商談，現正以俟駐華大使返國報告再行討論為理由，而延宕此事，又謂在此局勢嚴重之際，中國將採何辦法、對印有何具體希望，渠甚願聞云云。謹電陳參考。

職程天放

養

〈革命文獻—對英、印外交〉，《蔣中正總統文物》。

6. 鄭彥棻密電蔣中正謂尼赫魯對中共政權之態度及印度之政策（1949 年 10 月 22 日）

密。

總裁蔣：

外交部頃接顧大使維鈞十五日來電報告，原文如下：

「印度首相尼赫魯此次來美，係先赴英，昨日往見，探詢英、美向彼所表示對中共政權之態度及印度之政策，商辯頗詳，要點如下：

（一）彼在倫敦時，英首相尚在歸途中，故未遇，但曾與英首相商談，悉英朝野意見以重視商業與其他利益，確有早日承認中共政權之意。

（二）尼本人意見，亦謂印度雖無利益，然從客觀

方面判斷，中共征服中國全面已屬不可避
免，僅係二、三個月時間問題，國民政府雖
決心繼續抵抗，亦難挽回。弟告以西南各
省地勢崎嶇，利於防守，如我能獲得友邦精
神與物質上之援助，則我固守一、二年不成
問題。彼答中共軍力雄厚，他國精神上之援
助，實際不能裨益我抗共努力；至物資援助，
頃除美國外，他國莫能為力，而美國已明白
表示既往予華援助匪鮮，不克奏效，現在無
意再給，且以目前中國局勢，除非以軍力助
華，其他援助無法生效，且此時允諾援助，
中國人民必認為干涉內政，反使中國對於經
濟上之失敗有所推諉，而益增鼓動對抗之惡
感。此時唯有自救一法。彼知中國人民個性
甚強，不致甘為共產主義所迷。然根本中共
著重在解決農田問題，十五年來印度從事此
項改革頗著成效，中國落後，致失人心。

（三）弟告以中共逞兵反叛，並非尋常內戰可比，實
係由蘇聯指使，意圖侵略。我在西南繼續抗共
一日，即東南亞各國間接多受一日之安全。若
中國全面為中共佔據，則共禍即臨到各國自
身，屆時再圖防禦，勢必倍加困難。尼答彼意
如各國此時予我同情，必滋長中共之仇視，將
來各該國欲與之妥協，必不能望其成功。弟謂
國際共產黨意存推進世界革命全球，即願一時
妥協，決不放棄其基本目的。彼答誠然，惟亞

洲緬甸、暹羅等國能力薄弱，亦無可如何。

（四）弟又詢謂美方對承認中共問題，主張各國採取一致行動，聞正在與各國接洽中，印度意見如何？尼答印度曾與多次接洽，但無一致行動之協議，如對印尼問題，印度政府曾召集會議，雖美未能參加，印度仍隨時與之接洽，但並不堅持一致行動云。查其語意，印度似已保留單獨先行承認中共之政權。

（五）又詢彼對世界前途意見。彼答五、六年內不致有世界戰爭發生，因任何一國尚未能早日準備完畢云云」。

謹電轉陳。

職鄭彥棻

酉養渝印

〈革命文獻—對英、印外交〉，《蔣中正總統文物》。

7. 羅家倫電蔣中正印度顯欲承認中共政權已電尼赫魯勸告並發動輿論等反對（1949 年 10 月 22 日）

羅大使來養電。

報載港息，黃紹雄飛桂林講和，邱昌渭攜黃函及相互條件由港飛行，未言回何處。或係謠傳，請參考。尼赫魯昨雖否認勸英、美承認，但印度欲承認則顯明，弟懇切嚴正電尼赫魯勸告，恐彼已決心做壞事，現盡力發動國民大會黨內部及輿論反對，已得同情反應。弟以不計成敗精神從事，乞轉呈總裁。

羅家倫

養

〈革命文獻—對英、印外交〉，《蔣中正總統文物》。

8. 葉公超密電羅家倫為復印度如予中共法律承認我當即與之絕交（1949 年 11 月 3 日）

駐印羅大使志希兄：

極密。第二號電悉，茲分復如下：

（一）印度如予中共事實承認，我擬召回大使，暫以館員代理館務，如竟予法律承認，我當即與之絕交，並即時撤館。

（二）重要文件可即集中加爾各答，交中航機運回臺北本部。其餘文件，由兄分別輕重，或焚燬或俟撤館時運回。撤館時應將所有密電本表及無保存價值電檔，全部由兄親自監燬，並將所有本表列表報部。

（三）撤退旅費正由部統籌中，當續電告。

葉公超

〈駐印大使館撤退及結束案〉，《外交部檔案（近）》。

9. 外交部密電王世杰並轉呈蔣中正據陳質平電稱尼赫魯拒參加亞盟及季里諾決於選舉後積極進行等（1949 年 11 月 9 日）

密。

王雪艇先生並轉呈總裁：

據駐菲陳大使戌支電稱，尼赫魯表示拒絕參加亞洲聯盟，菲總統以各方態度明朗，決於選舉後積極進行。彼

昨接見訪菲美記者團，強調聯盟之重要，並謂國府存在
一日，菲決繼續承認中國將為聯盟中之主要盟員云等
情。謹電鑒察。

外交部
戌佳印

〈對韓菲越關係（二）〉，《蔣中正總統文物》。

10. 顧維鈞密電蔣中正各國政府原則上對承認中共採一致態度惟印度、澳大利亞聲明單獨自由處理等（1949 年 11 月 11 日）

密。

蔣總統：

昨電計邀鈞察。

（一）此次特訪主管遠東事務之外次，係因接本月七
　　　日艾卿照會略稱：議院通過援助中國一帶區域
　　　之七千五百萬元專款，業經議院指撥，正由美
　　　總統依照法案規定，決定運用辦法，八月十五
　　　日貴館照會所達中國政府之意見，亦正在注意
　　　考量中云云。鈞特催詢外次，並盼美政府早日
　　　決定以應我國亟需。美外次問所稱亟需，係
　　　指重慶抑指臺灣。答兩處均亟需援助，彼乃言
　　　臺灣資源物產均甚豐富，只需改良政治經濟情
　　　況，取得臺民信任與擁護，儘能自給云云，詳
　　　如昨電所陳。

（二）鈞問總統之決定是否須待翟色伯大使赴遠東考
　　　察報告之後，並問其翟使何時出發，鈞盼其能

早到我國。彼答翟使約於下月初乘船赴遠東，
行程未定，但美政府之決定辦法不擬待其考察
完畢。

（三）鈞又詢其美對承認中共問題之態度及此次巴黎
三外長會議是否將有討論，彼答前者美向各有
關國洽商，對中共採取一致行動，各國政府原
則上均表同意，惟印度與澳大利亞則聲明擬單
獨自由處理，巴黎會議並無固定議程，然料必
有一外長提出承認問題，果爾勢必有所討論，
但不致能得一般議決云。

顧維鈞

戌真

44 號

〈對美關係（五）〉，《蔣中正總統文物》。

11. 羅家倫密電葉公超報載尼赫魯主張速承認中共政權 美國決不附和英欲印為前鋒（1949 年 11 月 18 日）

第17 號。18 日。

重慶外交部葉部長公超兄：

密。十二晚梅農告張君勱聖誕前不致承認，十三報載英
擬後承認，待取決一月在錫蘭自治領總理會議。同日報
載尼赫魯倫敦談話，主張速承認消息，常矛盾。大致尼
赫魯承認之心已定，時間則未定，英決不附和，英欲印
為前鋒，英使施諦文在新德里遊說，英欲自身實利，與
印虛榮配合，尼赫魯愈驕妄。

羅家倫

〈革命文獻—對英、印外交〉，《蔣中正總統文物》。

12. 羅家倫密電葉公超印度決速承認中共政權並對西藏否認中國宗主權擬因應對策（1949 年 11 月 18 日）

第 19 號。18 日。

重慶外交部葉部長公超兄：

密。昨尼赫魯在記者招待會談印度決速承認中共，雖將通知他國或與商量，但決定權、決定時間屬於印度，意印不顧他國如何，彼將先承認。關於西藏，彼竟謂："In a vague sense we have accepted the fact of Chinese suzerainty how far it goes one does not know." 是更進而否認中國宗主權領土野心，顯然彼或想以先承認作代價，此點必揭發。請：

（一）將駁覆彼認新姆拉條約有效照會文迅速電館，俾在彼承認前送達，此係體兄爭新疆之一貫精神。

（二）絕交書稿即電館。

（三）撤館費及同仁川資乞即匯。

乞速電示。

弟羅家倫

〈革命文獻—對英、印外交〉，《蔣中正總統文物》。

13. 羅家倫密電葉公超據南印度日報息內定近日承認中共政權似有根據（1949 年 12 月 6 日）

葉部長：

極密。南印度日報息，內定二十三日承認，似有根據，

準備悉照尊電，請：

（1）指示絕交文件措詞及致他國稿，弟以不必絕交、
　　　不出惡聲較妥；

（2）撤館費、房租及同人薪金旅費，即匯紐約中國銀
　　　行留存待領；

（3）請准售汽車一、冷氣三應急，一部分救濟同人，
　　　售款用途實報實銷；

（4）來電乞調用貞密或由泛美機寄外交郵袋。

羅家倫
亥魚

〈駐印大使館撤退及結束案〉，《外交部檔案（近）》。

14. 俞國華密電周宏濤轉呈蔣中正查美、英、法下月底前將決定對華政策及印度建議派員赴印洽謀反共等（1949 年 12 月 12 日）

密。

周宏濤兄轉呈總裁鈞鑒：

美國務卿曾於上週宣稱，若國民政府在大陸上立足，美決不承認中共，若大陸全失，則將考慮以後之政策。查英、法因欲保全香港及越南，極欲示好中共，最近將對美施用壓力，以求三國對華態度一致，美國則一再開會拖延。下月英帝國在錫蘭會議，美國亦召集曼谷會議，主要均為討論中國問題，故由目前至下月底，實為美、英、法三國決定對華政策之最後階段。

（一）我方允宜在此其中刷新內政，發動外交攻勢，
　　　一新中外觀聽，以減少美方對我治理臺灣不當

之批評，增加美方對臺灣之注意，俾遲滯其承
認中共政權。

（二）我在聯合國控蘇案決議交小型大會繼續檢
討，事先英、美均反對，嗣經各小國支持，
美國遂在大會改變態度，並嚴辭譴責蘇帝國
主義，結果尚屬滿意。小型大會於一月間
開會，我將再提各項要求，惟不承認中共一
節，各國認為係主權範圍，英帝國集團必力
加反對，恐難實現。

（三）據接近印度官方者稱，尼赫魯對英迫使承認中
共尚多懷疑，建議我宜派員赴印接洽，謀致中
印反共步驟一致，並認為前駐加爾各答總領
事、現任駐秘魯大使保君建與尼氏交誼甚篤，
如對印有所聯絡工作，似以保君為最適宜。

公
亥文印

〈對美關係（五）〉，《蔣中正總統文物》。

15. 羅家倫密電葉公超印度承認期迫請速先匯救濟費川資撤館費等（1949 年 12 月 13 日）

第七號。13 日。

臺北外交部葉部長兄：

密。印度承認期迫，請速設法先匯：

（一）新疆救濟費；

（二）館員川資；

（三）撤館費，包括本館房租。

又九月份薪，公在渝匯出，至今未到。請速查明電復。

羅家倫

〈駐印大使館撤退及結束案〉，《外交部檔案（近）》。

16. 外交部密電羅家倫對印度絕交書（1949 年 12 月 18 日）

去電專號第15 號。

駐印羅大使：

密。對印度絕交本部擬屆時聲明如次：「中國政府對印度政府竟承認為蘇聯所策動主使之北平中共政權一事，以極沉重之心情，深致遺憾。印度政府此舉之必然結果，厥為加強共產主義在東南亞甚至鄰近印度洋整個地帶之擴充。基於上述情節，中國政府雖則以往對印度人民素抱最親切之睦誼，而且將來更復如此，亦不得不撤退其駐印外交使節。」英譯另電。

外交部

（全文完，執事如認為必要，可聲明外交部已發表如上聲明，並引用全文。）

〈駐印大使館撤退及結束案〉，《外交部檔案（近）》。

17. 外交部密電羅家倫對印度絕交聲明英譯文（1949 年 12 月 18 日）

去電專號第16 號。

駐印羅大使：

密。對印絕交聲明英譯如次："The Chinese Government views with profound regret the recognition by the

Government of India of the Soviet-sponsored Communist regime in Peiping, an act which cannot but result in furthering the spread of Communism in the South-Eastern Pacific and the whole area bordering on the Indian Ocean. In view of the above, the Chinese Government is constrained to recall its diplomatic mission in India, notwithstanding the friendliest feelings which it has always cherished and will continue to cherish for the Indian people."

外交部

〈駐印大使館撤退及結束案〉，《外交部檔案（近）》。

18. 沈昌煥呈蔣中正印度似已決定承認中共政權應否仍飭保君建赴印協商（1949年12月19日）

謹按日前俞國華同志電陳鈞座，以據接近印度官方人士稱，尼赫魯對英迫使承認中共，尚多懷疑，建議我方派前駐加爾各答總領事、現任駐秘魯大使保君建赴印與尼赫魯接洽，以謀中印反共步驟之一致。奉批：「可囑保君建來臺一敘」等因。本應速辦，惟查緬甸已於十七日宣布承認偽政權，而印度承認偽政權似已勢在必行，係其國家既定之政策，私人情感恐難使其改變，可否請鈞座對召回保大使一節賜予重加考慮。敬乞核示祗遵。

謹呈總裁。

〈訪問印度（一）〉，《蔣中正總統文物》。

19. 羅家倫密電蔣中正印度決定三十日承認中共政權英國則內定一月二日（1949 年 12 月 19 日）

抄外交部轉來羅大使家倫電。

外交部轉呈總裁：

十九日晚五時梅農告倫，印度決定三十日承認中共。守彼前言，十天前密告。英國內定一月二日，澳洲、新西蘭則主張錫蘭會議討論，尼赫魯不願落後，此乃承認事實，不係私人友誼，且免中共投蘇聯懷抱。言時極不自然，當正色指出彼方錯誤，中共投蘇聯與否，決非印度承認所能轉移，勿估價太高，以此作領袖，決非好樣，望彼再思。彼允轉達尼赫魯，此事已密告美大使，彼憤慨，業電國務院，謹密陳。

羅家倫

羅大使家倫來電，已抄送王雪艇同志。

職黃少谷、張其昀、沈昌煥

〈革命文獻—對英、印外交〉，《蔣中正總統文物》。

20. 羅家倫電葉公超並密呈蔣中正印度擬承認中共政權以換取西藏土地等（1949 年 12 月 23 日）

外交部葉部長並密呈總裁：

頃梅農告張君勱謂承認方式係屆時發一新聞，同時聲明以中共承認現行條約為條件。張謂中印間無商約，君指何約？梅答1914新姆拉條約，印係英帝國繼承者。張云周恩來豈能第一炮即呈認此不平等條約，恐屆時進退不得，不如緩承認，先弄清好。梅愕然，云事前未想到。吾即報告尼赫魯現內情更明，印欲騙過中共，以承

認中共政權來換中共承認1914我未簽字之條約，並換
取西藏邊境察隅科、麥門、大旺，如騙不過，印賠本，
可能不幹，故釜底抽薪最有效。請一方面以此息由孝炎
等在香港設法告中共不上當，一方面輿論刺激中共，是
否以西藏領土換取印度承認。務乞迅速秘密運用。

羅家倫

已通知陶希聖、沈昌煥兩同志運用新聞政策。

職黃少谷
十二、廿六

〈革命文獻—對英、印外交〉〉，《蔣中正總統文物》。

21. 羅家倫電葉公超轉呈蔣中正、閻錫山謂梅農親交照會並赴館晤談（1949 年 12 月 24 日）

第15號。廿四日。

臺北外交部葉部長親譯並轉呈總裁、院長：

今日下午五時梅農親交錢參事照會，答覆部長通告，謂
接共產黨政府要求將三個月迄未答覆，現國民政府大陸
無立足地，人民咸甘順從人民政府，印度政府除承認
外，無他途徑。此係承認事實，並不妨聯合國過渡委員
會討論。六時梅農來大使館，倫責以情理，彼十分鐘不
發言，最後謂仍待卅日下午宣布。又轉移加爾各答等處
存款電，昨日下午方收，立取行動，正分途派人，希望
不太遲，現尚難料。

羅家倫

〈各國擬承認中共政權〉，《外交部檔案》。

22. 葉公超電羅家倫新訂對印度承認中共之英文聲明文 （1949 年 12 月 25 日）

去電專號第26 號。

Urgent Immediate.

Ambassador Lo Kia-lun. Sino-embassy, New Delhi.

Statement contained in ours No. Sixteen should be substituted with following text: "It is with regret that the Government of China learns of the recognition by the Government of India of the Communist regime in Peiping. It must now be clear to the democratic world that this regime is only a creation of a foreign power. It lacks not only many of the attributes of a sovereign state but also the spontaneous support of the greater majority of the Chinese people. This act of the Indian Government will no doubt contribute to the further spread of Communism in Asia and the Pacific area. In view of the above the Chinese Government is constrained to recall its diplomatic mission in India in spite of the friendliest feelings which it has always cherished and will continue to cherish for the people of India." You are authorized to release this statement immediately upon India's recognition.

Waichiaopu

〈駐印大使館撤退及結束案〉，《外交部檔案（近）》。

23. 羅家倫密電葉公超請示是否送出絕交照會（1949 年 12 月 26 日）

第十八號。廿六日。急。

葉部長：

極密。十二月十八日歐 15、16 兩電奉悉。電中中文題為絕交聲明，英文僅為 Recall its Diplomatic Mission in India，卅日本館是否送出絕交照會，其中用 sever diplomatic relationship 字句，均乞即刻電示。

羅家倫

〈駐印大使館撤退及結束案〉，《外交部檔案（近）》。

24. 外交部密電羅家倫對印度聲明不用絕交二字（1949 年 12 月 27 日）

駐印羅大使：

極密。第 18 號電悉。我方應付印方承認辦法已詳本部第 15 號去電。本部擬發之聲明並無「絕交聲明」之標題，聲明文字亦不用「絕交」二字。希執事發表聲明時注意此點。

外交部（歐）

〈駐印大使館撤退及結束案〉，《外交部檔案（近）》。

第四節　留置駐印巴秘密聯絡員

1. 羅家倫密電外交部並轉呈蔣中正、閻錫山請速決定留駐印度秘密聯絡員事（1949 年 12 月 13 日）

第八號。13 日。即刻到。

臺北外交部：

極密。並轉呈總裁、閻院長鈞鑒：印度承認共產黨後，我將撤館，但新疆撤退人員等事，決非短期內可了。印度為交通孔道，無人秘密聯絡照拂，將來關係全斷，共產黨操縱：

（一）我方同志必受危害；

（二）無直接情報；

（三）復國運動聯絡受障礙；

（四）非共產黨華僑無保障。

倫與印度某有力方面秘密接洽，可留秘書一、二人為秘密聯絡員，彼方願予保護及便利。此事對我有利，所費不多，機會不易，請速決定，五日內電示，絕對秘密。

羅家倫

〈我駐印巴秘密聯絡員〉，《外交部檔案（近）》。

2. 羅家倫密函葉公超印度將承認中共請即撥款善後並擬留置秘密聯絡員（1949 年 12 月 15 日）

極密。公超吾兄道鑒：

前上各電，想蒙察閱。印度承認中共，大約在耶誕節前後，而且可能在前一、二日。此間結束，亦非易事，且需若干款項。故務懇即行匯下川資及一個月薪水。房租

一萬三千餘盧比，亦請一併匯下，免得在印度政府前丟臉。至於承來電核准之售汽車及冷氣機費，如能得價而沽，則以補發同人欠薪及結束時必需款項，實報實銷。諒兄必能信弟之認真態度。至新疆退出人員一事，弟為國家為人道均焦慮萬分，如弟一走，則彼等更無辦法。前託張紹良秘書面陳一切，蒙兄請關吉玉部長電匯盧比十五萬，至今分文未見，而弟各處移墊，至今已告束手。其中少數高級人員經濟尚較有辦法，中下級人員則衣物蕩然，窮困不堪，設不有救濟，則將流落印度，為我政府、我國家百世之羞。而且最忠貞之士，反多在中小級幹部之中，此點兄必能鑒及，盼即為總裁與閻院長面陳者也。此事必須即辦，遲更棘手。款均乞寄紐約中國銀行留交，用弟名義，請其一到即用電通知（如弟已離，則當留轉電地點），但切不可匯加城中國銀行，以免凍結。至要！至要！絕交文件如荷指示，尤為盼禱。本館同人尚能服從命令，至今均奉公守法，毫無其他企圖，堪以告慰。加館鄭壽恩總領事態度忠實，一切均照指示辦理。但孟買王榮第領事態度可疑（彼係山西人，燕京大學學生），聞正在猶豫之中，其隨習領事謝仁傑忠實可靠，近已囑謝盡力監視防範。此間中國銀行，如印度承認中共後，恐態度亦有變動可能。弟一息尚存，必用盡能力扶忠抑奸。

茲有一最要之事，即不出十日印度承認之後，我方在此如不暗中留人，則一切線索盡斷，基礎全毀。其最大損失為：

（一）由新疆退出未及離印或續來人員，必受迫害；

（二）將來過境之我方人員，印方必更予困難。印為
　　　交通孔道，此點不可忽視；

（三）對於東南亞情報，尤其印尼方面者，無從取得；

（四）對本黨同情僑胞，將無保障。

對此弟與巴臺爾方面暗中接洽，可留一、二人為聯絡員
（不公開），以交換情報，同時我方可囑其秘密執行前
項任務。弟以機不可失，前曾密電請示。其人數弟建議
留二人，一為二等秘書薛鎦森，一為三等秘書麋文開，
此二人均忠實可靠，薛可對外，麋長於譯電通訊工作，
二人可配合進行。兩人薪水合計，照目前折扣計算，不
過四百餘元美金。比之任何情報單位，可謂最經濟者。
（另有一極密請款，得此最可靠人士，乞重匯。）務乞
兄即密陳總裁核准，來電僅云「建議照辦」即可。千
萬拜懇。茲因羅恕人師長新疆乘機返臺，親至機場交
以此信，敬求兄十分注意，並即電示。泥首以謝。此
頌道祺。

弟家倫敬啟

十二月十五日

〈我駐印巴秘密聯絡員〉，《外交部檔案（近）》。

3. 外交部密電羅家倫秘密聯絡員事希即與印方密洽進行（1949 年 12 月 16 日）

駐印羅大使親譯：

極密。八號電悉，秘密聯絡員事已呈經閻院長核准，希
即與印方密洽進行，又需費若干並希具報。

外交部

〈我駐印巴秘密聯絡員〉，《外交部檔案（近）》。

4. 葉公超致羅家倫箋函秘密聯絡員事希即與印方密洽進行（1950 年 1 月 19 日）

志希吾兄道鑒：

羅師長攜來去年十二月十五日大函，遲至日昨始奉悉。熟謀遠慮，至堪欽佩。大使館房租及救濟新疆退出政府人員專款十五萬盾均早已匯出，諒經督收。所提留薛、糜二人作秘密聯絡員一事，部方完全同意，除已呈院及先電准外，用特佈復，並頌衹祺。美國軍援已無望，經濟援助當可繼續，但為數有限，照此不能適合我之急需，以後不得不作自力更生之打算，目下必需盡量縮減軍費，並切實增強戰鬥力，捨此別無生路矣。

弟葉公超敬啟

〈我駐印巴秘密聯絡員〉，《外交部檔案（近）》。

5. 行政院密令外交部留印秘密聯絡員事准予備案（1950 年 1 月 23 日）

事由密。三十九年一月十八日臺外歐一字第三五八號代電為密派薛鎦森、糜文開二員留印擔任秘密聯絡工作請備案由代電悉，准予備案。此令。

院長閻錫山

〈我駐印巴秘密聯絡員〉，《外交部檔案（近）》。

6. 行政院密令外交部為羅家倫已派妥秘密聯絡員呈請專用提款應准照辦（1950 年 3 月 7 日）

事由密。據羅大使家倫本年二月廿八日簽呈稱為此後與印度關係，應設置秘密聯絡員事，經奉外交部歐字第13/16 號電開：「秘密聯絡員事已呈閻院長核准，又需費若干，並希即與印方密洽進行具報，嗣又奉外交部一月十六日電，事同前因，當即遵命令，一面以極密方式與印度有關方面商洽，一面並物色忠實而有能力之人員擔任前者，已經親自商妥，在印該項人員受一切保護，並有使用密碼電本之權，後者經縝密選擇，在印度留重要二人分駐新德里與加爾各答二處，另設次要人員一人，聯絡在印巴之新疆各族同胞，又在巴基斯坦設置通訊人員一人，亦有相當地位者，以上四人均已分派妥當，開始工作，其薪水及活動費每年約計印幣盧比五萬盾，在此私設期間業已付出三萬五千盾。茲為安彼等工作之心，並予以相當期間工作之保障，俾能多收成效起見，大致與其約定以兩年為期，款不分月付。至如何付法，當隨時予以最大便利，同時亦須保留考核之餘地。為此請求核准即在加爾各答中國銀行提款項下提出十萬盾，專為此項特殊用途。是否有當，敬祈核示」等情。據此應准照辦，除令知財政部並飭復外，合行令仰知照。此令。

院長閻錫山

〈我駐印巴秘密聯絡員〉，《外交部檔案（近）》。

7. 羅家倫密致外交部代電關於留駐印度秘密聯絡員費 用事（1950 年 4 月 6 日）

臺新第八號。極機密。

外交部鈞鑒：

關於我使領館撤退後，在印度有設置秘密聯絡員之必要，於去年十二月間迭次電呈，並承批准在案。當即遵照電令進行。（除承轉行政院訓示外，並承部轉總統正式復職前十二月三十日之艷電開「秘密聯絡員事，請即著手籌設」等因。）原定為秘書薛鎦森、糜文開二人，留印擔任此事，並經呈報核准。

嗣因與其內閣某有力部分取得直接諒解與聯繫，可以不經過其外交部經常程序，而能直接與其首腦部分接洽，於是此秘密聯絡員之性質乃愈加重要。最好能得有聲望地位之人擔任，彼方乃能重視。其時適薛、糜二君均有他就，且自稱能力恐不勝任，正在躊躇之時，適國立師範學院院長查良釗先生膺聯合國文教會之請及我教育部之選派，前往參加亞洲區成人教育會議，其聲望地位均為理想，其人格與忠誠不但本人所欽佩，且為我政府所深信，更因其為參加文教會議而往，一切愈覺不著痕跡。

本人見機不可失，除一面極力懇商查院長得其同意外，一面並介紹其與其有例部分之最高首長見面。並商得印度教育部長同意，設置教育講座於德里大學及中央教育研究院，由該教育部聘查院長為教授，兩方諒解以兩年為期。本人認為此事乃理想之解決，於是更考察當地情形，接洽加爾各答總領事鄭壽恩暫留加城。本大使館隨

員海維諒精通烏爾都及亞拉伯語文，前往巴基斯坦。新
疆退出人員達武德中校精通維吾爾語文，在中印邊界一
帶與新疆維哈各族聯繫，凡此諸員，概由查院長聯繫接
洽並隨時加以必要之考核。似此布置，本人愚見，以為
係不易得之機緣所促成，於國家政府均頗有利。乃趁在
尚未離印之時，放手進行。

於回國抵臺之次日，即二月二日，本人立將前情親向部
長報告，三日向行政院閻前院長報告，均荷讚許。當時
因事關機密，故未形諸文字。於二月二十六日復與閻前
院長談及此事，承囑補一書面報告，乃於二月二十八日
補上一書面報告，請在存印中國銀行提款項下，攜印幣
十萬盾，為前項用途，但仍未將經過情形及人選與通信
辦法，敘述詳盡。此項書面報告雖經行政院核准，但因
本人疏忽，未經分呈外交部，致部中主管部分，以為此
秘密聯絡員事，僅係指薛、糜兩秘書前事而言，並不知
以後商請查院長一段經過，為本人曾經當面報告部長
者，乃由三月九日由部呈請行政院並分別以代電通知本
人，謂薛、糜二人現已另有所就，故暫不另派秘密聯絡
員等因。本人雖奉行政院三月十三日臺二字第一八三號
令令由本人簽覆，但本人認為當先請部長指示，故至今
並未簽覆。

嗣經本人於三月十五日及三月三十一日兩次與部長面
談，後承贊成此項計畫，指示一切，並面囑補報辦理經
過、人員姓名、通信方法，以及所需經費數目，以便辦
理手續後機密封存，實深感佩。

關於辦理經過及人員姓名，前文業經詳述，至通信方

法，則以後一切電文聯繫，當以查院長總其成，由彼分轉為妥，彼現在德里大學任教授，其通信地址為Liang-chao Cha〔略〕, New Delhi，其所存電本為部本〔略〕，現改稱〔略〕或〔略〕，所存表為部本〔略〕，現改名〔略〕（部中均有此項底本）。因查院長不慣用表，如非十分必要，以避免用表為便。

至於經費，據本人接洽及計算結果，在本年及明年兩年度共為印幣十萬盾，而本年所須支出，較明年為多。計開：

三十九年一月至十二月底止

（一）查良釗院長

　　　　（a）講座費　一萬盾

　　　　（b）辦公費　一萬盾

（二）鄭壽恩津貼　一萬盾

（三）海維諒津貼　六千盾

（四）達武德津貼　三千盾

（五）臨時活動費　一萬六千盾

計五萬五千盾

四十年一月至十二月底止

（一）查良釗院長

　　　　（a）講座費　一萬盾

　　　　（b）辦公費　一萬盾

（二）鄭壽恩津貼　一萬盾

（三）海維諒津貼　六千盾

（四）達武德津貼　三千盾

（五）臨時活動費　六千盾

計四萬五千盾

兩計印幣十萬盾

前項經費均有必要的連續性，方可使主辦之人有所計畫，而工作之人亦可以在國外對於生活及活動方面有所打算，工作方能收效，況其中有講座費一項，乃係與印度教育部所約定，必須續付，因此查院長之辦公費亦須同樣辦理。至於工作人員，因環境及成績關係，將來如有變更，亦勢所難免，此只得授權查院長就地考核辦理。至於前項經費，除經註明由本人經手支付部分，當由本人取齊收據另案報銷外，餘款均在印度，存查院長處，將來由查院長報銷，以清責任。

至於秘密聯絡員之任務，因最後與其最高有力部分打通，故不僅限於照料新疆撤退之人員而已。其重要者為：（一）秘密聯絡，交換情報；（二）必要時轉遞文件，可達其最高層；（三）暗中維護忠實僑民及過境人員；（四）與其輿論界、文化界及政治社會上領袖份子相聯絡；（五）目前尚須為國家保護財產。故此項秘密聯絡員絕對有設置之必要，凡此均在部長亮察之中。至於查院長之人格及忠貞性，不特本人認為絕對可靠，亦為部長及政府負責諸公所能深信，現在印度政府人員及其學術界人士對彼亦頗推重，此實為理想人選，絕非諛詞也。

為此請求將此事前後發展之經過詳情，即行惠予察核，迅速以機密方式完成其必要之手續，以期建立中印秘密之聯繫，而等待適當發展之時機，此正有符於部長目前注重亞洲各國關係之外交政策之本旨也。特此詳陳，尚

祈密示，實為公感。

駐印度大使羅家倫
三十九年四月六日

〈我駐印巴秘密聯絡員〉，《外交部檔案（近）》。

8. 羅家倫密致外交部代電關於留駐印度秘密聯絡員費用報銷事（1950 年 5 月 5 日）

代電臺新第十二號。極機密。

外交部鈞鑒：

關於秘密聯絡員之特別費印幣十萬盾，前承部長面告，已經行政院定案，使中印秘密聯繫，得以繼續，甚為佩慰。茲將經手部分，先行秘密報告。因避免印方文件檢查，以防洩露起見，故有若干單據，當時未能取得，現在補寄已感困難，但事實昭昭具在者，如捐助印度教育部設在德里大學與中央教育研究院之講座費，及查良釗院長之特別補助費是也。然單據之中如可補可寄者，仍將設法補寄，惟恐曠日持久，故願先行報告，並由經手人先出字據，以明責任，而清手續。又本人於離印度之時，曾囑查院長務必再撥三千盾，設法密寄在藏之孟覺月君，因彼係惟一留藏之人。嗣後並囑查院長將下學年之講座費與彼之特別補助費劃開，務須儘先支付，因當時本人與印度教育部長亞薩德有約，原擬繼續一年，彼亦同意，蓋為事計，亦以繼續為當也。以上兩事，三月間曾當面向部長陳述，承荷指示，亦後如此，合併提及。本人離印後，查院長諒必繼續，尚有付款，將來由彼報銷。至於在印度工作有時需要秘密小費，方能得其

有效之協助。本人在印最後三、四月內，尤其有此感覺，且收效果。款數並不甚大，但無法取得收據。故此後用款，似宜予查院長以相當自由。本人臨行前曾囑其可留用活動費一萬盾，意即在此。至於所留款項均保留在查院長處，比係忠貞愛國之君子，此可絕對信任者也。又為提款事派人赴加爾各答及喀拉蚩等處，用款約五千餘盾，似不必向政府另請，以破其九十萬之大關，即在本款項下支付，同屬為公，理無不可。茲將本人經手支付本項秘密費用報銷奉上，請予察核。並將本件與前次臺新字第八號代電一併於秘密處理後，併案封存，實為公感。

　　　　　　　　　　　　　駐印度大使羅家倫

　　　　　　　　　　　　　三十九年五月五日

附秘密聯絡費支付清單壹冊及單據壹冊計拾柒號。

〈我駐印巴秘密聯絡員〉，《外交部檔案（近）》。

第五節　駐印度大使館撤退及結束

1. 羅家倫電外交部請示對印度是否僅聲明撤館不言絕交（1949 年 12 月 29 日）

第 21 號。28 日。特急。

臺北外交部：

歐 25 號電奉悉，因恐誤解，請明確指示：

（一）印度承認後，我方是否僅聲明撤館，不言絕交；

（二）除上次拍來部長聲明在外發表外，是否本館根據此意照會印外交部。

時迫，乞速電示。

羅家倫

〈駐印大使館撤退及結束案〉，《外交部檔案（近）》。

2. 葉公超電羅家倫確認對印度僅聲明撤館不言絕交此時並應儘速撤館（1949 年 12 月 30 日）

電駐印大使館。急。

羅大使：

第 21 號電悉，第 26 號部電計達。

（一）僅聲明撤館，不言絕交；

（二）該號部電所載部長聲明，除向報界發表外，應以奉命轉達等字樣，以照會抄送印外部，兄不必另作任何表示。該項照會可派館員送達，兄不必親自為之。

又此時兄應儘速撤館，如有未了事宜可委由館員辦理，辦竣後亦即撤館。辦理情形希即電報。

弟葉公超

〈駐印大使館撤退及結束案〉，《外交部檔案（近）》。

3. 羅家倫電葉公超並轉呈蔣中正、閻錫山印度終於承認中共偽政府（1949 年 12 月 31 日）

第 25 號。31 日。

臺北外交部葉部長並轉呈總裁、院長：

印度終於卅日午承認中共偽政府，倫立即將部長召回使節宣言，派錢參事送印度外交部交梅農。倫則親訪總督告以奉命撤館，作最後拜訪。總督本人內心反對，前此尚設法阻止無效，故頗傷感。二年八個月來無時不設法增進中印邦交，最近三個月為阻止承認，奮鬥甚烈，終不能免。今日之局勢，職無狀慚感萬端。現已撤館，正辦結束。謹電奉聞。

羅家倫

〈各國擬承認中共政權〉，《外交部檔案》；〈駐印大使館撤退及結束案〉，《外交部檔案（近）》。

4. 羅家倫電葉公超閉館事法律上已做到（1950 年 1 月 11 日）

第 30 號。11 日。急。

葉部長：

閉館事法律上已做到，本館與加爾各答總領事館內部忙新疆人員撤退事，加館鄭壽恩可靠，孟買領事館王榮第個人領到薪已變態，尚無公開表示，謝仁傑不附和。

羅家倫

〈駐印大使館撤退及結束案〉，《外交部檔案（近）》。

5. 羅家倫電葉公超並轉呈蔣中正閻錫山奉國父遺像離館並飛菲轉臺（1950 年 1 月 21 日）

第34 號。22 日。

葉部長並轉呈總裁、院長：

本日奉國父遺像離館，暫住前武官處。廿七日由加爾各答乘菲律賓航空機由菲轉臺報告。廿三日後勿電新德里，請電陳質平大使照料，並請代辦入臺手續為感。

羅家倫

〈駐印大使館撤退及結束案〉，《外交部檔案（近）》。

6. 羅家倫致外交部代電關於在印度華軍公墓承辦詳情及所餘款項（1950 年 5 月 5 日）

外交部鈞鑒：

外（39）歐一第二五二三號代電奉悉。敬覆如下：

（一）關於華軍公墓承辦詳情及所餘款項，於三月二十五日即親赴國防部與袁次長守謙、楊次長繼增詳細說明，茲已將代電附收據等件送往國防部。至於關於該公墓之檔案一宗，計八十七件，並附有藍圖，特呈送鈞部妥為保存。

（二）關於武官處、木器、傢俱等件出售經過，亦曾向國防部與前案一併面述。

茲亦已將代電及收據等送往國防部，茲並遵命將前兩代電鈔件奉呈備案，敬希察閱。

駐印度大使羅家倫

三十九年五月五日

附鈔件二份、華軍公墓全卷一宗。

抄發國防部代電

國防部勛鑒：

查在印華軍公墓，為我遠征軍忠勇將士埋骨之處。自
英、美軍先後撤退印境，並遷回其該國將士遺骸以後，
我軍公墓即無人保管，嗣受貴部委託由本大使館考察實
地情形，並迭次與印度國防部、外交部商洽，認為委託
印度政府直轄之全國公務局代管，最為經濟而妥當，隨
即為彼方開具預算，又經往返核商，轉由貴部允准，並
曾收到兩筆匯款，經本大使館將辦理詳情，及取得印度
政府之收據，先後報由外交部轉達在案，茲抄奉三十九
年一月十八日由新德里致外交部代電一份，其中即有帳
目，一閱便知其詳。至於存有餘款印幣五千五百三十三
盾四安之原因，係因其經辦修補工程，據三十八年華僑
團體推往掃墓之人回來報告，謂不能適合我方原列之要
求，於是暫行扣發，並函請其改善，伺改善後再付，並
有其他接管期間問題，亦在商洽之中。不意最後一次款
項，於三十八年十一月五日付出，於十二月十日取得印
度外交部當作收據之公文以後（該文正式副本附上），
印度政府為忙於承認中共偽政權，對於此事即不再有來
文到館。如本館仍將餘款付彼，預料將不致得到任何預
期之效果，故將此款暫行保存。因印度管制外匯極嚴，
無法匯出，於是在撤館之時，由本人負責由可靠人員秘
密保管。茲將詳情奉達貴部，請定辦法見示。本人意見

以為此款原定為保管忠勇將士公墓之用，在原則上似仍以用在原定用途尚為宜。但我政府與印度政府間現在已無邦交存在，而將來中共派去之偽政權外交人員，當然不會理會此事，甚至持相反之態度，故託官方保管已無可能，而且我方經費亦有難於為繼之情形。如貴部欲將此款改為別用，本人自不能有所異議，但只能在印度交款。若仍用在原定用途，則似可以此款作一小之基金，將來委託在加爾各答可靠之華僑或僑團，作為每年派人掃墓之用，以待我匡復中原後再說。但此種可以信託之僑胞及僑團，亦不易覓，此本人之所以躊躇也。此事孫立人總司令甚為關心，前曾函致新德里，託為照料，如能徵詢孫總司令意見，亦復大佳。除另交報告外交部，並曾於四月初面達貴部袁、楊兩次長外，特此代電奉達，即希察核惠復為幸。至於本館辦理此案全檔，業已彙陳外交部存案矣。

　　　　　　　　　　　　駐印度大使羅家倫

　　　　　　　　　　　　三十九年五月五日

附駐印度大使館致外交部代電一件、印度外交部最後收據一件。

〈駐印大使館撤退及結束案〉，《外交部檔案（近）》。

7. 國防部致外交部代電為復駐印度武官處傢俱餘款及在印度華軍公墓保管費處置由（1950 年 7 月 19 日）

一、貴部四月廿八日歐一 2525 號及五月廿六日 3130 號兩代電敬悉。

二、關於前駐印武官處出售傢俱餘款及在印華軍公墓保

管修理費處置一節，除傢俱餘款已面洽前羅大使請
其負責存印，並開付支票過部外，至公墓保管費已
由本部預算局轉商孫總司令同意，將該款委託僑領
保管備掃墓之用。

三、特復請查照。

部長俞大維

政務次長袁守謙

〈駐印大使館撤退及結束案〉，《外交部檔案（近）》。

附錄：印度獨立與中印關係大事記

（1945 年 11 月 -1950 年 1 月）

1945 年

11 月	29 日	英國駐華大使館照會外交部，英國政府建議將駐華英屬印度專員地位提升至全權公使地位。次月 11 日，行政院第七二四次會議決議通過，英屬印度駐華專員及我國駐英屬印度專員升格為公使。

1946 年

1 月	21 日	英屬印度駐華專員公署致外交部節略，已派 Bahadur Singh 為本專員駐滬代表，處理滬市印籍居民事宜。次月 6 日，外交部致英屬印度駐華專員公署節略，上海非國都所在地，未便駐紮外交代表，自可遣 Singh 以隨員資格暫時留滬，擬派駐滬代表事礙難同意。
2 月	18 日	駐印度專員薛壽衡電外交部次長，頃據印度政府稱，已准上年 8 月新疆蒲犁失守後退入印境之該縣保安隊隊長張林森等官兵及眷屬 29 人前來吉爾吉特暫為居留，惟請中國政府自備費用。
	26 日	蒙藏委員會駐藏辦事處處長沈宗濂呈報西藏出席國民大會代表團赴印度新德里，定 4 月 5 日離印。
	28 日	英國駐華大使館照會外交部，請暫勿發表中印雙方使節地位互升事，並將相關外交處置之任何公布，展延至中國、印度及聯合王國各政府將來互相同意之日期。次月 16 日，外交部照會英國駐華大使館，為復聯合王國政府提議中印雙方使節升格協議暫緩公布一節，中國政府表示同意。
9 月	2 日	印度臨時政府成立。次月 15 日，國府與印度政府約定將彼此使節升格為大使。
12 月	30 日	蔣中正致國民黨中央黨部秘書長吳鐵城、外交部部長王世杰代電，印度國際時事研究會邀請我國機關團體中央黨部、中印學會、新亞細亞學會及中國外交政策學會，參加亞洲各國會議，希研議具報。
	31 日	印度駐華大使館照會外交部，擬遣梅農（K. P. S. Menon）為駐華大使，徵求同意。次月 8 日，行政院第七二四次會議決議通過，對印度任命梅農為首任駐華大使，表示同意。

1947 年

1 月	13 日	外交部部長王世杰簽呈蔣中正，西藏政府經英國駐藏代表之轉達，亦已接到印度國際時事研究會之邀請，並已面告印度駐華代辦轉達印政府，我政府派遣觀察員，則西藏即無派遣之必要。
2 月	1 日	戴傳賢函呈蔣中正，為印度發起泛亞會議，按國大黨與國民黨過去之關係，及尼赫魯與我方之公私情誼，中國必須參加，並呈擬代表團名單及經費。
	17 日	國民黨中央黨部秘書長吳鐵城、外交部部長王世杰簽呈蔣中正，謹再會呈國民黨及我國其他被邀請團體參加泛洲會議代表人選事。
3 月	6 日	蔣中正致外交部部長王世杰代電，為西藏正式派代表參加亞洲會議，應向印度交涉拒絕西藏出席，以保我國行政之完整。
	17 日	蔣中正致蒙藏委員會委員長羅良鑒代電，為西藏政府派代表羅桑汪吉、桑都博章等赴印參加印度召開之亞洲會議，竟另製國旗，希制止並核辦具報。
	23 日	印度國際時事研究會邀集亞洲各國或地區代表於新德里舉行「亞洲各國關係會議」，印方以該會議與政治無關，西藏代表仍獨立出席，並未併入中國代表團。
	28 日	國防最高委員會秘書廳函國民政府文官處，特任羅家倫為駐印大使一案業奉第二二五次常務會議決議追派。
	29 日	印度駐華大使梅農呈遞國書。
4 月		蒙藏委員會駐藏辦事處處長沈宗濂呈蔣中正，分析近日西藏熱振遇害政變原委，並擬處置辦法。
5 月	12 日	外交部訓令，准善後救濟總署代電遣送東南亞各地華僑返國辦法，業經規定妥當，自 6 月起駐加爾各答各總領事館、孟買領事館陸續檢送聯總規定之流亡在印華僑清表，送請聯總駐港辦事處洽商辦理。
	16 日	駐印度大使羅家倫呈遞國書。
7 月		坎巨提王子加麻拉親赴印度米什干謁中國駐印度領事，呈獻坎巨提過去係中國領土之證明文件，要求中國收入版圖。
8 月	14 日	國民政府主席蔣中正分電印度聯邦總理尼赫魯、巴基斯坦總督真納、印度聯邦總督蒙巴頓，祝賀印度聯邦與巴基斯坦獨立，成立自治領政府。
	15 日	中國、巴基斯坦雙方公布互換大使。

9月	5日	坎巨提王子加麻拉漢派代表艾力加瓦漢等二人抵達蒲犁商洽內附。
	10日	蒙藏委員會委員長許世英呈蔣中正，轉陳該會駐藏辦事處解決印藏邊境問題意見，建請著手修約或劃界。次月，外交部、蒙藏委員會、內政部奉交核議並奉行政院指令，中印界務交涉俟雙方訂約後再議，並由各該會蒐集資料，作為將來交涉依據。
	17日	蔣中正捐助印度摩可菩提佛學會基金印幣一萬盾，於該會創辦人誕辰紀念及建造中國院奠基典禮中，由中國駐加爾各答領事蔡維屏代為轉發。
10月	24日	外交部照會印度駐華大使館，照送中印友好通商航海條約草案。
	29日	外交部致電駐印度大使館，以新疆、印度貿易日繁，擬於克什米爾首府什利拉加增設領館一處，以利僑務，希徵詢彼方同意。次月26日，印度政府復稱，須俟克邦局勢澄清及正式加入印度後，方可考慮。
11月	5日	蔣中正電令外交部長王世杰，坎巨提王國請求內附事，可准由該會同內政、國防兩部商擬辦法呈核。外交部次長葉公超、印度駐華大使梅農為中國國民黨駐印度總支部書記長劉翼凌近忽奉印度政府勒令限期離境事，進行交涉。
12月	4日	外交部部長王世杰呈蔣中正，為坎巨提請求內附，經洽內政、國防兩部，擬改為自治區，歸新疆省政府管轄，內政由其自理。11日，蔣中正電復所擬處理坎巨提王國內附辦法各節，准予照辦。
	12日	印度國際大學校長泰戈爾致函蔣中正，建請在中國召開第二屆亞洲會議。
	13日	駐印大使羅家倫電告外交部部長王世杰，印度政府決定年底召回梅農出任外交部次長，並由潘尼迦繼任駐華大使。

1948年

1月	2日	外交部部長王世杰呈蔣中正，據稱西藏代表夏古巴率代表團抵達印度後，曾數度拜訪甘地與尼赫魯。
	12日	巴基斯坦駐美大使館致函遠東委員會（Far Eastern Commission）秘書長，稱巴國對日作戰有充分貢獻，深信各國必能同意許其加入該委員會。
	21日	外交部電告駐美大使顧維鈞，有關巴基斯坦欲加入遠東委員會事，中國應主張在會外商洽，非至絕對必要時，對巴國請求不作鮮明表示。
	30日	甘地遇刺逝世，羅家倫旋訪尼赫魯向印度政府致唁，並向甘地遺體致敬。次日，蔣中正、宋美齡致電尼赫魯，為甘地遇刺向其家屬及國民大會黨等致唁。

2月	4日	駐印度大使羅家倫致函國民黨中央黨部秘書長吳鐵城，為印度社會黨秘書來訪面告，世界各國社會黨將開會謀新結合，印度方面並擬組織亞洲集團，恐發生重大國際政治影響。
	13日	外交部致印度駐華大使館節略，同意印度將駐上海領事館升格為總領事館及派員充任總領事。
	23日	駐印度大使館致尼赫魯備忘錄，請贊助對韓國辦理選舉主張。
	28日	教育部、國民黨中央執行委員會青年部召集有關機關，會商決定參加全印青年會於該年4月舉行亞洲青年大會辦法。
3月	11日	駐印度大使羅家倫致外交部部長王世杰代電，印度、緬甸、印尼社會黨三方派代表擬組亞洲社會黨集團，另邀請我國、朝鮮等地社會黨開會。次月10日，外交部長王世杰致函國民黨中央黨部秘書長吳鐵城，已將印度社會黨送來致張君勱邀請函轉寄。
4月	3日	國民政府指令行政院，同意據呈為印度政府擬任潘尼迦（K. M. Panikkar）為駐華大使請鑒核備案。
	16日	印度駐華大使潘尼迦呈遞國書。
	22日	駐印度大使館電告外交部並轉國民黨中央執行委員會秘書處暨羅家倫，亞洲社會黨會議未能如期舉行，並已無定期展緩。
6月	1日	駐加爾各答總領事館致電外交部，據聞劉翼凌案係加省警局前英籍副局長一手造成，現已被解雇，又著劉短期暫離印，此案可暫結束。
7月	12日	英國駐華大使館照會外交部，為巴基斯坦政府擬在南京設立駐華大使館並在疏附設立總領事館，請查照辦理。
	23日	行政院指令外交部，為印度聯邦擬在新疆疏附設立總領事館及我國順向要求在印度噶倫堡設領案，決議通過。
	28日	外交部告駐美大使顧維鈞，對遠東委員會之將來通知，非至絕對必要時不必答復。
8月	19日	第一屆印度僑民國大代表李渭濱致函王世杰，陳報印度政府成立僅及一年，所歧視苛待外僑、限制再入境與居留期限等情。
9月	1日	巴基斯坦政府派達菊丁（Tajud Deen）啟程赴華籌備使館。
	17日	外交部次長劉師舜呈蔣中正，對西藏代表團夏古巴等密持西藏自備之旅行文件，於7月上旬由香港赴美國後之處理情形。
10月	2日	外交部次長劉師舜致函印度駐華大使潘尼迦，希再度促請印度政府注意中國政府特擬噶倫堡設領願望。

1949 年

1 月	1 日	印度與巴基斯坦同意自克什米爾撤軍，並由克邦人民投票決定歸屬。中旬吉爾吉特發生政變，成立臨時政府，改懸巴基斯坦國旗，坎巨提等邦紛電表示願歸巴方。
	20 日	尼赫魯主持於新德里舉行之亞洲會議，支持印尼共和國，譴責荷蘭侵略。
	25 日	駐印度大使羅家倫電告外交部部長吳鐵城，關於尼赫魯邀請各國使節，討論貫徹籌組亞洲區域組織決議。次月 22 日，外交部致印度駐華大使館節略，為復關於印度建議設立亞洲區域組織事，擬俟有關各國所抱意見漸趨明朗後，再行核議奉達。
3 月	3 日	外交部致駐美大使館代電，關於巴基斯坦、緬甸要求加入遠東委員會案，澳、紐雖支持巴紐入會，其他美、蘇等國尚無明白表示，仍應伺各國表明態度以後，再作最後決定。
	5 日	外交部照會英國駐華大使館，中國政府同意巴基斯坦政府在新疆疏附設立總領事館。
4 月	24 日	外交部電告西北行轅，坎巨提待克什米爾問題在安全理事會解決後，再行處辦。
5 月	14 日	英國駐華大使館照會外交部，稱巴基斯坦政府對中國政府同意巴基斯坦在新疆疏附設立總領事館表示感謝，並願接受互惠設領之原則，給予一切可能之便利與協助。
6 月	16 日	外交部代理部長葉公超致國防部次長秦德純箋函，因戰局演變，政府勢將西遷，似應趁機與巴基斯坦商洽速設使館，並對開闢中巴交通路線事密籌進行，請示卓見。
	20 日	駐印度大使羅家倫致電葉公超，關於中巴換使事，巴高級專員無能為力，且克什米爾問題短期內難決。
7 月	10 日	中國國民黨總裁蔣中正、王世杰等赴菲律賓碧瑤，與菲總統羅慕洛晤談籌組遠東反共聯盟。次月，外交部代理部長葉公超致電蔣中正，以印度態度既已明顯不贊成，主張不必有所表示，以免顯露痕跡。
	12 日	西藏攝政電中國國民黨總裁蔣中正、代總統李宗仁，為防止共黨活動，將遣返中國代表及所屬人員、商民等。
8 月	30 日	駐英大使鄭天錫致電外交部，據巴基斯坦代辦來告，歡迎中國政府派使駐巴，惟以喀拉蚩房屋極度缺乏，我使到巴恐需屈居旅館。
9 月	1 日	駐美大使顧維鈞致電外交部，緬甸、巴基斯坦係同時聲請加入遠東委員會，中國今既同意緬甸入會，對巴基斯坦似宜同時解決，故除經逕復緬使外，巴使亦經通知。
10 月	22 日	駐印度大使羅家倫電告蔣中正，印度顯欲承認中共政權，已致電尼赫魯勸告，並發動輿論等反對。
	30 日	蔣中正致電外交部部長葉公超，希轉飭駐印度使領館協助照顧國防部保密局原駐新疆人員石玉貴等 78 人繞道巴基斯坦轉印度返國。

11 月	26 日	新疆籍立委廣祿、阿不都拉致函行政院院長閻錫山，為新疆事變，前主席麥斯武德、副主席伊敏、秘書長艾沙等會同軍事將領數人，率領軍民數百人抵達克什米爾，請速飭予慰問，協助遣送。
12 月	13 日	駐印度大使羅家倫致電外交部並轉呈蔣中正、閻錫山，與印度某有力方面秘密接洽，印度承認中共後可留秘書一二人為秘密聯絡員，彼方願予保護及便利。16 日外交部復電，已奉核准，希即與印方密洽進行。
	17 日	外交部電告駐英大使鄭天錫，政府擬即提名派使駐巴基斯坦。
	19 日	駐印度大使羅家倫電告蔣中正，印度決定 30 日承認中共政權，英國則內定一月二日。27 日，外交部電告駐印度大使羅家倫，對印度聲明不用絕交二字。
	30 日	印度政府宣布與中華民國政府斷交，駐印度大使館聲明撤館。 中國國民黨中央執行委員會致外交部代電，該黨在西北各省服務同志馮大轟、韓克溫等人因新疆事變撤退至印度邊境，請即電轉飭照料進入印境並返國。

1950 年

1 月	21 日	駐印度大使羅家倫致電葉公超並轉呈蔣中正、閻錫山，奉國父遺像離館，暫住前武官處，27 日由加爾各答乘機由菲轉臺。
	23 日	行政院指令外交部，密派薛鎦森、糜文開二員留印擔任秘書聯絡員事，准予備案。
	31 日	行政院致外交部代電，為辦理救濟甘新撤退人員，自駐印度大使館、駐加爾各答總領事館及駐孟買領事館閉館撤退後，權准駐印度大使羅家倫將救濟餘款移交印度紅十字會，並按照所商辦法支用報銷。

索引

英文人名

民國史料 37

印度獨立與中印關係史料
（1946-1950）（二）
Historical Documents on the Independence of
India and Sino-Indian Relations,1946-1950
- Section II

主　　編　廖文碩
總 編 輯　陳新林、呂芳上
執行編輯　林弘毅
美術編輯　溫心忻
排　　版　溫心忻、盤惠秦

出　　版　**民國歷史文化學社** 有限公司

10646 台北市大安區羅斯福路三段
37 號 7 樓之 1
TEL：+886-2-2369-6912
FAX：+886-2-2369-6990

開源書局出版有限公司

香港金鐘夏愨道 18 號海富中心
1 座 26 樓 06 室
TEL：+852-35860995

http://www.rchcs.com.tw

初版一刷　2020 年 12 月 31 日
定　　價　新台幣 400 元
　　　　　港　幣 105 元
　　　　　美　元　15 元
I S B N　978-986-5578-01-5
印　　刷　長達印刷有限公司
　　　　　台北市西園路二段 50 巷 4 弄 21 號
　　　　　TEL：+886-2-2304-0488

國家圖書館出版品預行編目 (CIP) 資料
印度獨立與中印關係史料 (1946-1950) =
Historical documents on the independence of
India and Sion-Indian Relations,1946-1950/ 廖
文碩主編 . -- 初版 . -- 臺北市 : 民國歷史文化學
社有限公司 , 2020.12

　　冊；　公分 . -- (民國史料 ; 36-37)

ISBN 978-986-5578-00-8 (第 1 冊 : 平裝). --
ISBN 978-986-5578-01-5 (第 2 冊 : 平裝)

1. 印度獨立運動　2. 中印關係　3. 歷史

737.07　　　　　　　　　　　　　109020140